丛书由信阳师范学院资助出版

本书的调研和写作获国家社会科学基金项目（18BSH105）与
北京億方公益基金会资助

中国工作环境研究丛书

加 班

互联网企业的工作压力机制及变迁

OVERTIME

Research on Work Stress of Internet Companies in China

梁 萌 著

社会科学文献出版社
SOCIAL SCIENCES ACADEMIC PRESS (CHINA)

编委会

编者序

　　工作环境（working conditions）主要指的是从业者在其工作单位中，从主观上所感受到的一种工作氛围（working climate）与工作状态（working state）。工作组织与单位作为一个社会中重要的制度载体，主要是通过其所形成和营造的独特的社会环境或者组织文化影响和规范员工的组织行为。在欧洲，工作环境研究已经初具规模，成为一个很重要的交叉学科领域。在中国，对工作环境的研究才刚刚开始，目前主要从工作时间、工作报偿、工作场所以及工作中的员工参与四个方面展开研究。

　　从历史发展的过程来看，工业文明的一个重要特点，就是使人们从农业文明中互不关联的"个体劳动"脱离出来，走向互为关联的"集体劳动"。人们在"集体劳动"过程中不断互动，社会交往日益频繁。这种不断互动与频繁交往使人们产生对公共品的要求，同时也发展出公共道德规范。随着公共（集体）空间和公共品在质量与数量上不断提高与增加，"集体劳动"的效率会不断提高，与此同时，"集体劳动"的环境以及公共空间的环境也会不断改善，这既是文明发展的历史趋势，也是文明发展的条件和前提[1]。在现代社会，工作组织是各类组织的最主要形式，也是多数社会成员的主要"栖身"场所。人们生活在社会里和工作中，工作是人们一生最重要的组成部分，它会给人们带来完全的满足与

---

　　① 　郑永年：《当代中国个体道德下沉根源》，《联合早报》2019 年 7 月 23 日。

充分的意义。一方面，人们的工作以及工作的环境深深地影响着人们的行为，这样的组织及其环境实际上是人们在社会生活中价值观与行为取向重塑的社会场所；另一方面，人们的行为也深深地嵌入了他们工作的那个单位或者说他们的职业或工作之中。在很多情况下，人们在这种环境中完成他们的社会化过程。恰恰在这个意义上，人们在工作单位中感受到的组织氛围与工作状态，对人们在组织中的行为会产生举足轻重的影响。

事实上，经济增长的质量和效率取决于参与经济活动劳动者的质量，取决于这种经济活动组织者所营造的工作环境的质量。良好的工作环境，能够造就有质量的工作，它既是一个社会高质量发展的前提，也是条件。一个高质量发展的中国，首先需要创新劳动者的工作环境，同时需要提高劳动者工作的质量，这是当今中国发展的重要基础。

不少的研究告诉我们，一个好的工作环境，在微观个体层面，能够为人们获得幸福与满足提供必要的物质保障和前提，为人们的情感满足提供必要的社会归属，能够帮助个体更好地在组织中实现自我，激发潜能，为人们的自我成长和满足提供必要的公共场所；在中观组织层面，能够促进良好的组织文化构建，提高组织成员对组织的认同感和满意度，提高组织效率，进而快速推动组织的创新与发展；在宏观社会层面，有助于我国的经济与社会实现"新常态"下的健康、平稳，同时也能够为高质量发展提供合理的预期。

按照社会学的理论，在一个组织的发展过程中，人们的行为结构总是嵌入组织的结构之中。在这个意义上，工作环境作为组织员工行为的结构性因素，同样也发挥着至关重要的作用。毋庸置疑，好的工作环境、工作质量，作为衡量人类福祉的重要指标，不应该也不能够被忽略在社会发展的关注范畴之外。

从学科特点来说，组织"工作环境"问题是社会学研究的重要内容，特别是从组织社会学角度出发进行研究具有明显的学科特长和优势。就研究路径而言，将组织社会学的相关理论、方法和观点运用于对"工作环境"问题的研究，不仅使我们从学术视角对组织环境变迁的结构特征及影响机制有更为深入的认识，而且由于"工作环境"贴近现实生活实践，勾连社会成员与各类工作组织，因而也使其成为宏观与微观社会治理的一个重要环节。

在很多情况下，我们还可以观察到，一个社会的景气离不开这个社会中各种不同类型组织的景气，或者组织中良好的工作环境。当一些社会成员在自己所隶属的组织中不愉快、不满意，感受不到组织的激励，体会不到其他组织成员的帮助和支持，那么，他们这种不满的感受和情绪就会或多或少地以各种不同的方式宣泄到社会当中去，在一定程度上会影响一个社会的景气。所以，从某种意义上说，研究一个组织的景气以及组织的工作环境能够使我们在更深层次上理解一个社会的景气，这恰恰也是我们研究组织景气与工作环境的学术意义①。

另外，对工作环境研究的深入，能够为组织的评估提供一个良好的学术与方法的基础。事实上，如何运用科学的方法对一个组织的景气状况进行评估，这对于提高组织的效率、提高员工的满意度和获得感、加强员工对组织的认同与归属，都能够起到很重要的作用。

正是从工作环境研究的重要学术意义和应用价值出发，我们从 2013 年开始，对中国的工作环境问题进行了深入研究。这套丛书，就是试图根据我们的田野调查和研究数据，从各个不同的角度对中国的工作环境问题进行深入的观察与分析，同时也对我们

---

① 所以，这套丛书也可看作两个国家社科基金课题研究的进一步深入和延续：张彦，2015 年国家社会科学基金一般项目《中国企业工作环境研究：概念、量表与指数构建》（项目编号：15BH05）；李汉林，2018 年国家社会科学基金重大项目"中国社会景气与社会信心研究：理论与方法"（项目编号：18ZDA164）。

前一段时期的研究工作进行一个小结。

我们衷心地期望，这套丛书的出版，能够进一步推动中国工作环境的研究和深入。

是为序。

目　录

第一章　引言

第一节　互联网工作环境中的生命之问

互联网技术诞生于 20 世纪中期，在之后的几十年里仅限于在大型学术机构、业余技术爱好者和黑客团体之间的小范围内发展，除此之外，人们对这种技术知之甚少。而当互联网技术在 20 世纪 90 年代以来最终与商业相结合之后，才真正深入现代生活的各处，成为形塑当下社会生活的重要力量。

当然，二者的互动过程是复杂的。其中既包括商业对互联网技术的重塑与包装，例如将技术与各类商业发展需求相结合从而发展出新的商业模式，以及在互联网技术文化基础上生发出互联网企业组织的企业家文化（卡斯特，2007），直至将技术创新与资本市场深度结合、捆绑（佟新、梁萌，2015）等，也包括互联网技术对商业领域的影响，一方面从宏观上改变了资本市场的游戏规则，将金融资本的焦点由传统的实际盈利数额转换到对企业发展速度、市场占有率等盈利预期上来，另一方面在微观上对商业领域的工作本身产生了颠覆性的影响，包括客观的工作环境、工作技术和主观方面的工作文化、工作伦理等。因此，可以看到互联网技术影响社会更广泛层面的路径是通过与商业深度结合而完成的，在此过程中技术逻辑与商业策略之间的融合与碰撞、妥协与纠结同时成为形塑互联网工作和社会影响的重要因素。

从工作研究的角度来看，随着互联网产业在全球范围内的发展，互联网企业正在引领形成一种新型的工作环境类型，为了便于讨论，本书将其定义为互联网工作环境①。此种工作环境类型，包括以互联网技术为主要的工作支持基础，以自由、平等、合作的文化作为组织结构和工作文化的意识形态核心，并倡导组织结构的扁平化和工作上自由、平等、合作的创新模式，以及以灵活、员工自主为主要特征的管理策略，包括灵活的工作时间、办公地点，员工对工作方法、工作任务的建议与评估的权限等（梁萌，2014）。这种新型的工作环境与传统制造业以严格管理控制为主的工作环境形成了鲜明的对比，一时间成为管理学研究的热门案例，后来者纷纷效法，也被人们视为未来工作发展的理想类型。

在我国最具有互联网工作环境特点的公司，当属被称为"BAT"的三巨头：百度、阿里巴巴和腾讯。三者都已在全球资本市场环境中上市，在国内是互联网行业的翘楚。这三家公司已经基本掌握了整个产业的话语权，是我国互联网产业发展的风向标，其企业内部的工作环境也被众多中小公司效仿，从而形成了一个具有鲜明特色的互联网工作环境。

但是作为劳动社会学的研究者，在看到互联网工作环境的种种优点之时，也不得不提到层出不穷的互联网劳动者"过劳死"现象。

·2006 年 2 月，36 岁的东软集团嵌入式软件事业部大连开发中心副主任张东因心脏病突发猝死。

·2008 年 8 月，30 岁的英特尔海南员工黄青昆猝死。

·2009 年 11 月，酷 6 网研发部一名"80 后"罗姓员工在公司内吐血猝死。

---

① 本书所讨论的互联网工作环境仅限于以互联网为核心业务的企业组织。虽然在其他产业中也会在企业里应用互联网技术，但其企业文化、组织结构和相应的管理策略仍然更多地保留了传统行业的特征，并不足以称为典型新型工作环境的一部分。

·2010 年 4 月，搜狐无线事业部一位彭姓员工意外死亡，约 30 岁。

·2010 年 5 月，腾讯网女性频道主编于石泓脑出血死亡，仅 37 岁。

·2011 年 7 月，百事通首席运营官吴征突发疾病去世，仅 39 岁。

·2011 年 11 月，百度公司一名技术人员因心脏病突发猝死。

·2011 年底，久游市场总监刘俊因病去世。

·2012 年 9 月，金山西山居一名年仅 25 岁员工猝死于办公室。

·2013 年 5 月 15 日，搜狐旗下游戏门户网站"17173"一名 24 岁的网络编辑在上班路上，突然晕倒在公交车站台旁，经医院抢救无效死亡。

·2013 年 7 月 15 日，年仅 36 岁的淘宝电商淘品牌御泥坊前董事长吴立君突发脑疾去世，整个电商界"震动"。

·2014 年 9 月 26 日，游戏企业广州仙海网络科技有限公司总裁张旭因过度劳累而突发心脏病逝世，年仅 33 岁。

·2015 年 3 月 24 日，闻泰通讯股份有限公司深圳分公司任职软件部驱动及系统组经理张斌（清华大学计算机专业本硕），于当日凌晨 1 点发出最后一封工作邮件后猝死于酒店。

·2015 年 12 月 13 日晚，腾讯技术研发中心语音引擎组副组长李俊明突然晕倒在地，经抢救无效死亡。

·2016 年 10 月 6 日，春雨医生创始人兼 CEO 张锐，在自家小区楼下因突发心肌梗塞离世，年仅 44 岁。

·2017 年 2 月 8 日，途牛副总经理李波在家中突发心肌梗塞去世，年仅 44 岁。

以上信息主要来源于媒体的报道①，是对事件的简单罗列。实际上受条件所限，我们很难找到相关事件的全面数据信息，而从经验推断以上所列信息也仅仅是相关事件的冰山一角而已。通过媒体对案例中劳动者生前工作状态的报道，我们发现巨大的工作压力和长时间的加班工作基本是报道中的共识。特别是最后几则案例，腾讯公司在对该事件的反思中特别强调一定采取措施减少加班，而其员工也在网上的讨论中写道②："IEG 一个 Leader 猝死了，小区散步突然晕倒，抢救无效去世了！身体是革命的本钱，绩效再好年终奖再高身体坏了又有什么用呢？老婆小孩家人怎么办？希望呼吁少加班政策不光是摇旗呐喊不见真章，不然真想换个行业了。"人们对后面两位移动互联网高管的离世也予以了高度的关注，这两桩突发的悲剧在时间、主角特征和行业等方面都具备了高度的一致性，在当时一度掀起了互联网行业对其工作压力和加班文化广泛的反思。

当然，仅通过以上个案，我们很难一蹴而就地断言互联网劳动者的"过劳死"与其工作环境之间有直接关系。但这些现象已经足以让我们对互联网工作环境产生怀疑和警惕。也就是说，在享受技术带给我们的便利和效率的同时，还需要进一步关注这背后的代价究竟为何？

而通过相关数据分析，则更有利于我们对现实情况进行全面的了解。"中国社会发展与社会态度问卷调查2014"的相关数据分析显示③，被访者表示工作压力比较大的比例是36.77%，表示工

---

① 以上新闻源自新浪科技，2012 年 9 月 6 日，http://tech.sina.com.cn/i/2012-09-06/02297587700.shtml；腾讯网，2014 年 10 月 5 日，http://tech.qq.com/a/20141005/007771.htm；腾讯网，2015 年 4 月 14 日，https://new.qq.com/rain/a/20150414015035；凤凰网，2016 年 10 月 6 日，http://news.ifeng.com/a/20161006/50064960_0.shtml；搜狐网，2017 年 2 月 15 日，http://www.sohu.com/a/126317007_465192。

② 搜狐科技，2015 年 12 月 15 日，http://it.sohu.com/20151215/n431396523.shtml。

③ 此数据的具体分析及结果请见本书第七章。

作压力非常大的比例是 11.56%，二者之和为 48.33%。可见在此次调查中，有将近一半的劳动者表示自己正在承受着较大的工作压力。进一步的分析则显示，在经常使用互联网技术工作的劳动者与不经常使用的劳动者之间的工作压力状况是有显著差异的，前者远高于后者。

互联网技术、互联网工作环境确实在一定程度上改善了劳动者的客观工作环境，但是需要继续追问的是，相对于传统工作环境，这些变化对于劳动者产生了哪些积极的作用、产生了哪些消极的作用。换句话说，在关注互联网工作环境时，相关研究需要考虑到其中重要的行为主体——劳动者——的感受与体验，只有以此为核心才能呈现出工作环境变迁中的复杂机制和真实特点。

管理学将互联网工作环境中的一些特点作为后工业社会中知识工作的主要发展趋势来看待。以德鲁克（2009）为代表的管理学家们提出随着后工业社会的发展，知识工人（knowledge worker）将成为劳动者的主体，因此传统的严格管控的管理策略必须调整以适应新的变化。从这一角度，相关研究认为互联网工作环境所凸显出来的管理策略革新正是这一趋势的典范。在互联网工作环境下，所包括的工作灵活性、组织扁平化和促进合作等特点，激发了知识工人的自主性和创造性，增加了劳动者的福祉，有利于企业组织效率的提升和创新的发展。

在实践层面上，有关工作环境与工作压力（work stress）、工作环境中工作生活平衡（work-life balance，wlb）的相关研究假设实际上也支持了管理学对互联网工作环境的判断。一方面有关工作压力的研究总体上的共识是存在一种好工作压力（good stress）的类型，此种工作压力将会提升劳动者的学习意愿和工作潜能，从而产生积极型工作；另一方面研究提出工作环境中的要素可以分为要求和资源两个面向：要求面向会使劳动者产生工作压力；资源面向则具有缓冲工作压力的作用，有利于舒缓工作压力和提供工作与生活平衡的条件。在此两条假设下的实证研究也主要认为互联网工作环境有利于"好压力"的产生，其所提供的给劳动者的多种资源（灵活的工作时间、对工作的控制等）也能够起到缓解工作压力的作用（Karasek，1979；Schieman & Glavin，2009）。虽然传统行业向互联网学习借鉴的条件还不成熟，研究者们仍认为这将是未来发展的必然趋势。

从新闻报道和管理学的研究两个方面，我们似乎看到了互联网工作环境的两张面孔。一方面，它代表了未来企业管理策略的新趋势，被研究者认为是有利于知识工人的制度设计；另一方面，我们看到了这种工作环境下劳动者"过劳死"的悲剧仍然在持续发生。那么，我们该如何看待二者之间所产生的张力？这正是本书所要探寻的关键问题。这些用鲜活的生命画出的问号，不应该仅仅止步于面对巨大工作压力而无奈的感叹号，为了那些仍然在此行业中的劳动者，以及未来潜在被影响的工作领域中的人们，现在是时候对互联网工作环境进行一次客观、理性而深入的审视，以呈现互联网工作环境的全貌，以厘清"过劳死"生命之间的相关企业组织背景。

具体来说，本研究所关心的主要问题是互联网工作环境对劳动者利益与福祉的影响，也即从工作压力的角度，此种新型工作环境中劳动者工作压力方面的具体作用机制是怎样的？是否存在着支持劳动者缓解工作压力的空间与资源？以及基于以上两个问题，我们如何判断互联网工作环境对未来工作变迁的可能影响。

但是由于工作场域的复杂性和丰富性，我们很难对以上问题给出一个宏观而肯定的答案。而仅凭已有数据，我们仅能对目前的工作压力现状有一个较为完整的认识，而难以呈现出背后深入的原因与细节。鉴于此，本研究将以一个典型的互联网公司——易万公司为核心案例，以其所发动的狼性文化运动为分析线索，将该公司的日常劳动过程、管理策略、企业文化等一一呈现出来，力图梳理出新型互联网工作环境下企业组织工作压力机制的特点。同时，在对传统工作环境和互联网工作环境的比较的基础上，本研究将从具体层面着手，试图描绘和梳理工作场域的实践中，各类变量自身及其互动的变迁。主要包括以下三个方面的问题：第一，产生工作压力的工作要求变量和减缓工作压力的资源变量在互联网工作环境中的作用机制是怎样的，是否随着工作环境的变迁而发生改变；第二，从企业组织和劳动者个体来看，企业组织在互联网工作环境中所建构的一整套管理策略是否确实有利于支持劳动者改善和调试其工作与生活？或者说在管理策略中，那些企业通过设计期待其产生影响的变量与实际上发挥作用的变量之间是否存在差异；第三，以上两方面问题的讨论对进一步推动工作环境发展的意义何在。

第二节　易万公司的故事

易万公司创办于 2000 年，奉行互联网技术的主流价值观，包括对坚守工程师文化和强调创新。以 PC 端①业务起家，后转战移动互联网领域。创办伊始即获国际金融风险投资，并已成功上市，其后股价虽起起伏伏，但其始终位于国内众多互联网公司前列。

本研究将围绕易万公司的故事来讨论互联网工作环境的相关问题。选择易万公司作为研究对象，主要基于以下三方面的考虑。

首先，作为国内互联网公司的巨头之一，它是互联网工作环境的典型代表，创始团队的海归背景使其有将国外互联网的相关文化在公司内部复制和沿袭的管理思想和意识条件；相对雄厚的国际金融资本市场的支持，也使其有实现相对优越的工作环境的物质基础，以上技术和资本的共同价值观也在于，相信创新来自特定、组织可以营造出的互联网工作环境，这使得构建一个典型

---

① 互联网业内将我国互联网产业发展历程分为两个阶段，一个是从 20 世纪 90 年代开始的 PC 端（Personal Computer）时代，另一个是从 2012 年前后开始的移动端时代，前者以研发和推广基于个人电脑的软件产品为主，后者以研发基于智能手机等移动电子设备的 APP 为主。

的互联网工作环境成为该企业运作的必要条件。也是在这个意义上，相对于其他类型的互联网企业[①]，易万公司更接近我们所要考察的互联网工作环境的理想类型。

其次，易万公司的狼性文化运动是一个工作压力变迁的典型事件。2012年是我国互联网产业处于从传统的 PC 端（电脑）向移动端（手机等移动智能设备）转型的关键时点，易万公司却迟迟没有找到转型的契机和路径，公司高层认为这主要是组织内部长期以来奢靡、懈怠、享受的小资情结造成的，因此在当年 12 月发起了一场狼性文化的内部运动，意在重整组织内部的工作规范和工作文化。从工作压力管理的角度，狼性文化运动通过强调工作纪律、重构工作文化的途径推行，实际上可将其视为一种自上而下的工作压力来源。由于与易万公司一贯宣称的自由、平等工作文化在一定程度上相背离，此举遭到了公司内外的质疑和讨论。本研究希望通过对此运动的分析，展现出工作压力在易万公司中产生、运作的机制，特别是通过对企业的持续关注与员工访谈，探查个体劳动者在其中的感受与应对策略。

最后，由于笔者对易万公司保持了密切和长期的关注，有助于对该组织的深入理解，也同时顺势积累了相当丰富的资料。

因此，对易万公司的研究既具有研究的典型意义，也在案例材料方面具有一定的优势。虽然从国内互联网公司的连续谱来看，由于类型之间的差异，此案例研究的结果无法直接推论到总体，但其中有关互联网工作环境的背景、工作压力在国内互联网企业

[①] 目前，我国的互联网公司类型众多，关系错综复杂，如若分类可考虑将其列为一个公司类型的连续谱。在这个谱系中，易万公司为代表的精英巨头公司为顶层，之下为各种创业型公司，最后则是草根互联网公司。这种分类主要考虑公司规模与资本类型，第一种公司规模较大，主要为国际资本投资，已在国际金融市场上市；第二种公司规模较小，但成长速度较快，主要得到国际资本投资，以国际金融市场上市为目标；第三种公司规模较小，主要由国内草根资本投资，以盈利为主要目标。但从 2015 年开始，第三种类型公司也开始产生国内新三板等上市的目的，这样一来，与第二种类型之间的关系更为复杂。

内的作用机制等发现无疑将有利于进一步理解此产业中各类型企业的工作压力相关问题。

本研究从易万公司的工作压力相关案例出发，讨论互联网工作环境的特点。由于工作环境本身是一个特别宽泛的议题，鉴于本研究主要采用质性研究的方法，因此更多关注在与劳动者个人感受相关的工作压力议题，从工作压力的具体线索出发，从组织层面上讨论其在新型工作环境下的作用机制，从劳动者个体层面上讨论劳动者的应对机制，包括适应与反抗等。并以此为基础，进一步提炼出互联网工作环境下工作压力作用机制的特点和变迁。

第三节 主要的篇章安排

第一章提出问题。

首先提出新型互联网工作环境的概念，指出其相对于传统工作环境在技术、意识形态、管理策略、工作方法等方面的特点。在此基础上，由互联网行业目前所存在的"过劳死"现象和调查数据的分析结果（总体工作压力情况和分互联网嵌入度的工作压力情况）两个方面，提出由互联网行业的工作压力现状与作为未来工作理想类型的新型互联网工作环境之间的张力，进而提出互联网行业的工作压力问题。

由此提出研究问题：新型工作环境下传统上产生工作压力的工作要求变量和减缓工作压力的控制和资源变量的相关影响是否仍然延续，或者其作用机制是否也随着工作环境的变迁而发生改变？从企业组织的层面看，则在于从劳动者个体层面出发，讨论企业组织基于工程师文化所建立的一整套工作规则是否确实有利于支持劳动者改善和调适其工作与生活，也即那些企业所期待发挥作用的变量与实际上发挥作用的变量之间是否存在差异，这些差异是什么，以及对于进一步推动工作环境发展的意义何在。

第二章是工作环境框架中的工作压力研究，包括文献评述与理论框架。

第一节回顾了工作压力研究从心理学、管理学到社会学的发展，包括概念变迁的呈现、多样化模型的梳理和核心研究议题的回顾，并对此问题研究现状、未来发展等重点问题进行了评述。

第二节主要介绍了本研究的理论框架。以努力—奖酬模型、工作要求—控制（资源）模型和 ISR 模型为基础，构建本研究的研究框架，以努力—奖酬模型和工作要求—控制（资源）模型为主要的分析模型，ISR 为促进研究反思的模型基础，以利于劳动者的主体性、自主性的呈现。

第三章为互联网新型工作环境及其挑战。

首先呈现互联网新型工作环境在我国的发展历程、特点，其次讨论其挑战和变迁的背景和原因，从而引发后续讨论的框架。在此基础上，以易万公司狼性文化运动为典型的工作压力变迁案例，通过呈现此运动的完整过程、对企业组织原有管理策略的改变、对工作压力机制的挑战，以及劳动者的适应与反抗等方面，提出狼性文化运动作为一个典型的工作压力事件，虽然在意识形态和实践策略两个方面都进行了调整，但其结果却是由中层管理者的"柔性"执行及劳动者的反抗而变成形式上执行、实质上失败的案例。由此提出新型互联网工作环境中劳动者自主性在工作压力机制中的作用问题，以及我国社会中的"差序格局"文化在"柔性"执行中的作用，二者皆为缓解工作压力的重要线索。

第四章是管理制度与劳动过程：易万公司的工作压力日常机制。

从工作压力的典型理论模型努力—奖酬模型和工作要求—资源模型（后也称工作要求—控制模型，本书两种间用）出发，分析易万公司的日常管理和劳动过程。

第一节和第二节主要讨论以易万公司为代表的互联网工作环境中工作压力作用机制及其特点。从企业的管理制度、劳动过程和技术发展等方面经验材料的梳理与分析，提出企业组织基于经典工作压力理论模型，从企业文化、管理制度和技术发展三个方面形成了一个完整的工作压力机制，其中企业文化是工作压力形成的意识形态基础，管理制度是组织运营方面的管理控制手段，技术发展则是将工作压力最终嵌入劳动过程中的主要手段。此三个机制互相呼应、互相支撑，形成了易万公司工作压力的日常机制。

第三节在总结易万公司工作压力机制的基础上，提出了对两类经典工作压力理论模型的反思。其中努力—奖酬模型在绩效两极分布的管理策略中主要因为参考群体的改变而使劳动者在工作稳定性方面感受到了相关压力，而工作要求—资源模型则主要表现在工作中的灵活性和团队支持等相关资源，在劳动场域中其作用机制是极其复杂的，其作用机制并不是理论上的单一取向的，有时甚至是相反的。

第五章讨论工作压力机制中性别与生命历程的问题。

第一节讨论生命历程理论与工作压力之间的作用关系。特别是，在相关分析中，在以性别、年龄、婚姻状况为主要线索讨论时，需以联系的视角而不是独立的视角来看待变量之间的关系和作用机制，同时关注个体背后的时空特征，即社会、历史的影响。

第二节、第三节以易万公司总体生命历程为案例，提出在互联网企业中存在以生命周期和性别为特征的工作压力作用机制，包括在婚前阶段的原生家庭压力源、生育阶段女性劳动者边界渗透性减弱而对工作压力的缓解，以及工作中"晋升共识"而使得女性在生育阶段职业发展的滞后等方面。

最后，从工作压力作用机制的总体层面，提出基于劳动者个体特征和本土社会文化，对处于特定生命历程的劳动者给予免于高工作压力的保护。这是具有我国社会文化特征的工作压力缓解机制。

第六章讨论宏观层面上的工作压力源。

本章主要分析以华尔街为代表的全球金融资本与互联网企业

的工作压力机制之间的关系。提出全球金融资本主要从强制型结构和博弈型互动两个方面将压力传导给互联网企业及其劳动者。

第七章讨论宏观数据与工作压力的关系。

第一节主要讨论工作压力在工作人群中的总体情况，以及互联网深度嵌入群体的工作压力情况和人口学特征。

第二节从努力—奖酬模型、工作要求—资源模型两类经典工作压力模型出发，讨论轻度嵌入群体和深度嵌入群体工作压力作用机制的差异。在此基础上联系易万公司案例，讨论新型互联网工作环境下工作压力与传统产业之间的差异及后续研究的重点问题。

第八章分析了移动互联网时代工作压力机制发展及其趋势。

本章经由互联网产业内部不同世代的企业对比和不同国别的企业对比，试图呈现移动互联网时代我国互联网产业工作压力发展的总体趋势。总结了移动互联网时代我国呈现的两类工作压力机制模式：硅谷模式和本土模式。并讨论了互联网产业工作压力机制作用的三条重要路径：技术路径、组织内的工作压力机制、宏观本土文化情境。

第九章是结论与讨论。

综和第三章至第八章的分析，包括从易万公司案例的角度来看其企业压力典型事件的意义，对现有工作压力机制的总结与反思，以及最后从劳动者的角度讨论工作压力的后果及未来变迁趋势等问题。

第二章　工作环境框架中的工作压力研究

第一节　文献回顾

在社会生活中，工作并不仅仅作为获得物质资源的一种途径，它同时建构了劳动者的自我认同、社会地位，是个体生命与生活的重要组成部分，并深刻影响社会整合和社会发展（Drobnič et al.，2010）。因此，心理学、管理学、社会学等多个学科都对其展开了广泛的研究。

近年来有关工作环境（working conditions）的研究在欧美诸国得以逐步发展，成为当下有关工作研究方面的重要领域。在工作环境的综合领域中，又可细分为多个方向的子议题，工作压力即是其中之一，甚至有学者断言，由于全球化、不稳定工作等趋势的蔓延，工作压力研究是 21 世纪工作环境研究最重要的方面（Wahrendorf et al.，2013；舒晓兵、廖建桥，2002）。

虽然子议题的研究各有侧重，但在工作环境研究的宏观框架内，研究者们也深刻地认识到议题之间存在紧密的关系，在一个议题的研究当中也同时需要考虑到与其相关的其他子议题，如此才能完整深刻地反映现实和推动研究。同时，研究者们承认子议题之间的关系和互动机制远比我们目前能想象的复杂得多，这一方面提醒我们需要在这一层面注入更多的研究投入，另一方面对经验研究的翔实、全面的程度提出了更高的要求。因此本研究虽以工作压力为主要的关注方面，但考虑到议题的复杂程度，在研

究过程中对工作环境的其他议题也将会有所涉猎，特别是在有关
工作环境、工作生活平衡等议题方面。

下面将从工作压力的概念、理论、模型和重点讨论议题几个
方面来回顾和讨论在这个研究方向上已有的国内外相关研究，并
试图厘清研究的发展脉络和趋势，在此基础上建构本研究的分析
框架与思路。

一 概念讨论

"压力"（stress）一词起源于物理学，指的是当物体受到外力
时其内部所产生的力。在工作压力的英文文献中以 stress 的使用为
主流，但在一些研究中也有研究者将 strain 与 stress 共用，特别是
在早期的研究中此种情况更为常见。但"strain"（中文学者多译
为"紧张"）更多地强调受到压力的状态或结果，"stress"则既能
体现出压力本身也包含压力的结果和状态，因此在工作环境的研
究领域，越来越多的研究者主要使用"stress"一词，以利于对这
一议题的分析与扩展。

20 世纪中期，随着工业生产的发展，劳动者的工作压力问题
开始凸显，French 和 Kahn（1962）将压力概念引入企业管理研究
中（时雨等，2009；石林，2003），从而开启了工作压力研究的新
时代。因此，在工作环境框架下的工作压力概念，有学者（Selye,
1976）提出是个体的身体对其所认知到的刺激的反应，这种反应
分为三个层次：警报（alarm）、适应（adaptation）和衰竭（ex-
haustion）。警报是个体面对压力时的第一反应，个体在此时选择
应对压力的策略；在适应阶段个体实施了对压力的应对行为，努
力获得平衡；当个体耗尽了其心理和生理的全部资源后就进入了
压力应对的最后阶段——衰竭。此概念下个体在面对工作压力时
更倾向处于一种单纯的应激反应行为模式中，因此其重点是对不
同行为阶段的解读。也有学者（Lazarus et al.，1984）将重点放
在工作压力所处的环境中，认为工作压力来自其所处的工作环境

之中以及其他领域与之相关的压力源，但更为重要的是个体对压力的认知，同样的压力环境（或压力源）不同个体之间由于对压力的认知不同，其应对压力的行为也会截然不同。在后一个概念中，我们能看到研究者开始关注工作压力中"人"的角色与作用，但尚未达到讨论能动性的层面。McGrath（1976）进一步提出工作压力是个人特征和压力环境之间相互作用的结果，其中个人特征包括个体对压力的认知和个体的能力等，因此需全方位地考察个体与压力环境之间的互动过程。此概念一方面强调了个体在工作压力概念中的能动性作用，另一方面强调了个体与环境之间的互动过程，从工作压力整体概念谱系来看，属于相对完整、全面的概念类型，同时代表了晚近学者的研究重点和发展趋势。

从整体发展来看，截至目前虽工作压力仍然没有得到一个被业界普遍接受的权威概念，对研究的深入有诸多不便之处，但其概念发展的脉络则是相对清楚和为学者们所认同的。在最初发展阶段工作压力概念的重点源自对压力环境（压力源）的关注，主要强调压力环境的角色和作用；继而提出个体认知等方面的异同将产生在应对压力环境方面的差异，从而将对"人"的关注引入工作压力研究当中；在研究深入与广泛争论的基础上，最终提出了个体特征不仅关系到个体应对压力的行为与策略，更是其与压力环境之间互动关系的主导和关键所在。因此，也有学者将此过程总结为刺激式概念—反应式概念—交互式概念的发展过程（时雨等，2009）。

在概念无法统一的前提下，工作压力的测量也相应地缺乏统一的量表和指标。总体来说，存在客观方法论和主观方法论两种思路。前者倾向于从客观方面（压力源）去测量（工作时间、自主性），时刻怀有对主观评价的警惕性，例如一份高要求的工作有较高的自主性和良好的职业前景，但需要大量加班工作，这样一份工作对于一位单身且有职业进取心的年轻专家和一位已经负担家庭责任的工作人员来说，他们的主观评价必定相异，因此主张从客观变量入手（例如工作时间等工作环境相关的变量）来研究工作压力问题（Erikson，1993）；后者则主要从劳动者的主体性出发，认为客观环境的变化并不一定直接化约为劳动者自身感受的变化，因此对劳动者压力感受、压力反应等主观方面的测量将有利于深入地理解压力的作用机制和后果（Campbell et al.，1976）。因此，从本质上看，两种方法论之间并不存在必然的二元对立，而是某种程度上的互补。近年来欧洲所发展的工作质量研究也印证了这一点，在研究中同时关注主客观两方面的因素（Drobnič et al.，2010；Gallie & Russell，2009）。然而即使主客观综合考量的方法论越来越成为核心选择，不同研究者对概念范畴的理解难免仍存在差异，致使实证研究中针对工作压力测量的指标与量表呈现出多元化的态势（邱雅静，2015），一定程度上阻碍了研究之间的比较和切磋讨论。

二 工作压力的结构与类型

根据工作压力相关概念，在工作压力的相关研究中工作压力的结构主要包括：压力源、压力应对、应对资源、压力反应、压力结果。本研究中主要涉及的是压力源、压力反应和压力结果概念。压力源是指引起压力的事件；压力反应是指个体在面对压力时所产生的生理、心理和行为等方面的变化；压力结果是指压力对个体产生的最终的、长期的影响（石林，2003；Wahrendorf et al.，2013）。工作压力内在结构的分析对于厘清微观层面上工作压力的作用机制具有十分重要的作用。

因此在工作压力领域对以上结构中各个因素的分析是十分关注的，这也导致了分析上的多元性和争论的产生。在研究中学者多以压力源的类型异同为工作压力分类的主要依据，本研究根据不同代表性的学者对压力源类型的划分，以及其对自身类型划分的解释界定，尝试寻找其中的联系与差异，制作成一个有关工作压力源类型的综合比对表格（详见表 2-1）。

表 2-1　工作压力研究中的压力源类型

Ivancevich & Matteson (1980)		Cooper et al. (1988)	Weiss (1983)	Whetten & Cameron (1991)
组织内部	生理层面			
	个人层面	工作本身	工作本身	时间压力
		职业发展	职业发展	期望压力
	团队层面	组织中的角色	组织中的角色	互动压力
		工作中的关系	组织中的人际关系	
	组织层面	组织结构	组织结构	情景压力
		组织倾向	组织风格	
组织外部	组织外因素			

　　其中 Ivancevich 和 Matteson（1980）不仅提出了有关工作压力研究中压力源的详细划分，也提出了从更宏观的视角上，工作压力源可以分为组织内部的压力源和组织外部的压力源，而组织外部的压力源是其他研究没有涉及的领域。

　　Cooper 等（1988）则在研究中提出工作压力主要来自六个方面：工作本身的因素主要指工作任务等；职业发展涉及工作中的晋升与降级以及整体职业规划；组织中的角色则是有关组织中人与人基于工作角色和工作任务的冲突；工作中的关系指涉的是工作过程中得到的来自各方面的支持；组织结构则是组织内部的构成方式；组织倾向表明的是组织内部的价值体系与行为风格。在这一点上，Weiss（1983）与 Cooper 等（1988）的分类非常类似。只是在具体的表述上有些微差别。

　　另一个分类的代表是 Whetten 和 Cameron（1991）的研究，提出了时间压力、期望压力、互动压力和情景压力。其中期望压力是由对未来可能发生的某个不愉快的事件所引发的焦虑、担心所引起的，情景压力则是指个体所处的环境（组织内、组织外）所引起的压力感受。

从以上不同的压力源类型划分来看，Ivancevich 和 Matteson 的分类更为宏观和全面，有利于全方位地了解压力源；Whetten 和 Cameron 虽然也处于宏观层面，但其在工作压力研究的针对性方面则略逊一筹，且放弃对生理层面压力的关注；Cooper 等和 Weiss 的分类只有细微的差别，其对工作压力源的实证研究也最具有具体指引的意义。从以上分类的异同我们可以看到，对概念的分类本身有时就代表了学者对该领域研究的倾向，具体到有关工作压力源的讨论，显然相关研究越来越聚焦于更加具体、细致的层面，而这也有利于后续研究的展开。

以上有关工作压力源的讨论主要聚焦在工作领域内部，有关组织外因素的讨论，在工作压力讨论的核心文献中涉及较少，但在工作家庭冲突—平衡等议题中却是关键所在，相关学者提出工作生活冲突正在成为最普遍和困扰的工作压力源之一。从这一角度来看，劳动者的家庭（family）也应成为工作压力研究中压力源的又一个重要维度（Schieman，2013）。但也有学者认为仅强调家庭的影响并不足以概括工作领域之外（nonwork）个体的压力来源，因为家庭的概念在这里会使那些不承担家庭角色、没有亲密关系的劳动者被认为是不存在此方面的困扰。这显然并不是事实，因此提倡在对于个体非工作领域的研究范畴需要拓展，将个人的家居生活（home）和休闲领域（leisure）都包含进来。

三　工作压力的理论发展与模型

在工作压力研究领域，其理论发展有两类为研究者们公认的理论传统（Aneshensel，1992；石林，2003），即传统理论和交互理论。传统理论主要从与工作压力相关的某方面因素着手进行研究，因此研究框架背后的假定实际上认为引起压力的环境因素之间是分离的，而它们的特征以及个体特征都是稳定不变的（Jex，

1998）。在此背景下的研究虽然可以对某一方面压力源进行深入研究，却很难反映出实践领域中工作压力作用的客观真实。交互理论在此问题的解决上做出了尝试（Lazarus et al.，1984），提出个体与工作环境之间的作用不是单向的，而是相互作用的，因而个体与工作环境之间不是单纯的个体与环境相结合的关系，而是一个过程，压力则是特定环境与个体对此环境所可能产生的威胁相综合而得出的结果。

显然交互理论所呈现的研究框架更有利于综合、细致地反映工作压力作用的真实特点，但传统理论也并非一无是处，在研究者聚焦于讨论某一特定类型的压力源或压力反应时，或者是某种具有特殊压力作用模式的工作方式时，传统理论及其模型仍然具有其现实和理论两方面的意义。因此，在当今的相关工作压力研究中，两种理论仍然是共存的，研究者们根据具体的研究议题和研究方法取长补短、各取所需。

以两类经典理论为基准，工作压力研究发展出更利于实证研究的诸多模型。现有的主要模型包括广义传统理论下的个体—环境匹配模型（Person-Environment Fit Model）、努力—奖酬失衡模型（the Effort-Reward Imbalance Model）、工作要求—控制模型（Job Demand-Control Model），以及交互理论传统下的交互模型（Trans-actional Model）和 ISR 模型（Model of Institute of Social Research）。

1. 个体—环境匹配模型

此模型是建基于 French 等（French et al.，1982）提出的个体—环境匹配理论。该理论认为工作压力的产生源自个体特征和工作环境之间的不匹配（unfit），而当二者之间高度匹配时将不会产生工作压力的问题。因此，工作压力绝不仅仅是个体或环境任何一方单独的问题，而是二者之间的特性相互作用产生的问题。研究者们以此模型为焦点进行了大量的实证研究，发现具有高控制需求的劳动者与具有高控制环境的工作相结合时，有助于缓解其工作压力，而无论是具有高控制需求的劳动者在低控制环境中工作，还是具有低控制需求的劳动者在高控制环境中工作，都将增加其对工作的压力感受。此模型虽然强调了个体与工作环境之间的互动，但是其核心假设仍然建立在二者的特征是静止不变的基础上，因此仍属传统理论的范畴。

2. 努力—奖酬失衡模型

努力—奖酬失衡模型（Siegrist，1996）认为工作压力源自劳动者在工作中的投入与其感知到或预见到会获得的工作奖励、酬劳等因素之间的不平衡。工作中的奖酬包括：与工作相关的物质收入、职业地位、工作稳定性以及自尊和职业发展等各个方面。此模型将工作合约以及潜在的社会互惠原则置于分析的中心，认为根据前两种条件，个体在工作中的付出应该得到公平的回报，如果回报与其努力不匹配将会使劳动者产生不公平感，从而导致消极的情绪和心理压力。此种模型下，工作压力的最大值状态将来源于工作投入极高但工作奖酬极低的情况。在实证研究中，又进一步将努力的来源区分为外在性和内在性两种类型。努力的外在性是建构工作要求及其相关报酬之间关系的主要因素，内在性是内心中驱动人们在工作中达成目标的心理动力。虽然两种动力下缺乏适当的奖酬都将影响个体的健康，但内在动力下奖酬的缺乏将导致个体更容易衰竭和崩溃，研究者将此类劳动者定义为"过度投入者"（over-commitment people）（Salavecz et al.，2010）。

3. 工作要求—控制模型

工作要求—控制模型由学者 Karasek（1979）提出。他认为与其专注于工作的特征不如拓展为关注工作环境（working conditions），此模型在工作设计和职业健康方面有着广泛的影响。这里的工作环境包括两个方面：工作要求和工作控制。工作要求主要是指派给劳动者个体承担的任务，而工作控制则是指劳动者个体在工作中的自主性即对工作掌控程度，例如对工作时间的控制以及相关的决策权等。

表 2 - 2　**Karasek 工作要求—控制模型下的四种工作类型**

工作控制 （高—低）	工作要求（低—高）	
	低压力工作 消极型工作 （工作满意度低、学习动机低）	积极型工作 （学习动机高） 高压力工作

在表中的四类工作类型中，工作要求—控制模型认为高要求—高控制的积极型工作是最理想的工作类型，这类工作会产生"好压力"（good stress），使劳动者的工作积极性和学习积极性都被激发出来。

因此，在此模型中实际上隐含了两方面的假设：一方面高控制是高要求的缓冲机制，有利于缓解后者对个体产生的压力；另一方面高控制与高要求的结合会激励劳动者，因此是好压力。但是对于这个被研究者广为验证的模型来说，此两个假设在研究中没有得到正式的讨论与验证。

工作要求—控制模型后来又将工作中的支持（support）补充进来，成为工作要求—控制—支持模型（简称 JDCS 模型）。近年来的研究者也会在研究中将 JDCS 模型中的控制和支持归结为一种资源（resource），从而成为讨论要求—资源的一类研究（Schieman & Glavin，2009），因此本书统称为工作要求—资源模型。

4. 交互模型（Transactional Mode）

交互模型主要源自 Lazarus 的交互理论。该理论认为压力是一个过程，它既不单独取决于个体的特征，也不单独取决于压力源的单独特征，而是某种压力环境及个体对其所处的压力环境所进行评价的结果，其中个体和环境的关系都是相对的、变化的，不仅环境会影响个体，个体也会影响环境，二者之间的关系超越了各自独立影响对方的关系之和。把握这种动态的、交互的关系是交互模型在工作压力研究中的重点所在。

Lazarus 着重分析了个体与环境互动中的两次评价过程。第一次评价中个体主要考察此压力环境是否与自己有关，第二次评价个体考量的是自己应对压力的相关资源有哪些以及相对应的策略。

交互理论虽然提出了个体、压力环境之间的动态关系，在实证研究中却普遍聚焦于个体的心理过程，对工作压力环境的考察一直有所忽视，这一点也为其他研究者所批评，当我们仅聚焦在个体特征而忽略工作组织层面的特点时，很难从组织层面提出改善工作压力环境的建议，而这一点恰恰是工作压力研究者们所需面对的最重要的问题。实际上，来自生活压力的研究从另一个角度回应了这个问题，这类研究发现对个体心理方面的支持仅能缓解心理方面的压力，而提供社会支持则能缓解社会和心理的双重压力，也即仅从对个体心理层面的研究和干预，其作用将是有限的（Lin & Ensel，1989）。

5. ISR 模型

ISR 模型源自美国密歇根大学社会研究中心的一系列研究，相对于其他模型来说，ISR 模型比较完整地呈现了工作压力的压力源—压力反应—压力后果的整个过程，包括客观环境（源自工作环境）、心理环境（源自个体特征及其对环境的认知）的两类压力源，以及压力源所导致的生理、心理、行为三类压力反应，以及最终产生的心理或生理的压力后果（Kazt & Kahn，1978）。该模型还认为个体特征和工作环境在工作压力的整个作用过程中都有着重要的影响。从整体来看，此模型并没有提出一个明确的有关工作压力的理论指向，但其是众多模型中最强调压力后果的，并明确提出由于压力后果所包含的生理、心理特质，从长远来看对劳动者的健康和工作能力将构成威胁。同时强调，在具体的工作压力环境中，相同的压力源会因不同的个体特质在劳动者身上体现出不同的压力反应和压力后果，例如有人反应为心理问题而有人反应为身体疾病等。该模型对压力后果的关注，对于工作压力与健康议题的研究有着重要的意义。

本部分所呈现的有关工作压力的理论模型属于此领域中比较为研究者所认同的。从实证研究的结果来看，这些模型分别从各自的视角强调了工作压力问题中的某个方面，并引导研究者就这方面的问题展开深入且细致的讨论。以努力—奖酬模型为例，这个模型强调了工作压力作用过程中劳动者付出与回报问题的重要性，而工作要求—控制模型提醒我们在此过程中劳动者自主性是一个非常关键的变量，交互模型则将压力产生过程中各要素特性的复杂、流变等问题引入进来，ISR 模型引导研究者关注工作压力所产生的短期、长期、生理、心理等各方面的后果。当然理论模型所带来的研究发展远远超过以上所陈述的这些方面，且由于心理学等与管理学之间的渗透联合，在具体企业管理的实践领域，这些研究所产生的成果更是影响了众多领域企业的管理策略、制度与实践。

　　纵观各个模型，不难发现虽然所谈核心问题各异但却存在着一些"不谋而合"的前提假设。个体—环境匹配模型提出当个体和环境匹配时，例如高控制需求的劳动者在高控制工作环境中工作不会产生工作压力的问题，努力—奖酬模型则认为与劳动者付出努力相适应的回报将有助于缓解工作压力的问题，在工作要求—控制模型中提出了高要求—高控制的积极型工作为四种工作理想类型中最完美的一类，其产生的"good stress"（好压力）有利于激发劳动者的学习动机和工作动力，交互模型虽然一定程度上发展了相关理论，但并未从此方面构成任何挑战。ISR 模型是一个特例，它强调对压力结果的无差别关注，即强调所有压力（无论好坏）可能对劳动者所造成的身心影响。但 ISR 模型在该领域中的影响力远逊于上述其他模型。因此，这一类存在于理论模型中"不证自明"的前提假设一直影响着该领域心理学、管理学方面的研究者们及其研究成果。而当我们需要从劳动者权益与福祉的角度来讨论工作压力问题时，这一点是需要特别注意的。

　　最后，本部分罗列了五种与工作压力相关的理论模型，难免给人以琐碎繁杂的印象，但这正是此领域内研究现状的真实写照。虽然工作压力相关模型颇多，彼此之间却相对疏离。模型之间缺乏应有的对话和讨论，一类模型的研究者大多会囿于本理论模型的视角，主要致力于对这个模型自身的讨论和调整，而忽视对模型之间的概念异同、理论边界差异等方面的比较，交互理论虽然从整体上推动了整个研究领域的发展，但并没有从实质上改变模型之间缺乏对话的问题。这一问题的存在，非常不利于工作压力研究整合成一个完整、宏观的研究框架。

四 工作压力研究领域的重要研究议题

在工作压力的研究领域中由于其概念繁杂、模型众多，因此所牵涉的议题也是种类繁多的，例如有关工作压力与疾病、工作压力与心理健康、工作压力与退休等。将所有议题囊括在一篇文献梳理的文章中是不可能也不合理的，因此笔者将甄选几个比较能反映当下工作环境与工作压力关系与现状的议题予以展开。

基于众多工作压力模型的研究成果，现代管理学一直致力于在企业管理中推广相关的策略，以求一方面将劳动者的工作压力控制在一个合理的范围之内，另一方面带来企业整体工作绩效的提升。在全球化的发展趋势下，工作过程中的灵活性（Flexibility）、自主性（具体表现为对工作的掌握与控制，control）方面在全球范围内的多个行业中得以推广和实践。经济的发展速度和技术基础支持仍然是这些政策得以实行的首要条件，因此此类政策得到最广泛实行和讨论主要集中在发达国家以及一些新兴信息行业中。

1. 是灵活性（flexibility）还是对工作的控制（control）？

在工作压力的研究领域中有一个假设一直得到了广泛的关注，即增强劳动者对工作的控制有助于缓解工作压力，或者从另一个方面来说，沉重的工作要求如果没有足够的工作控制作为支持，将成为劳动者工作压力的主要来源之一（Karasek，1979）。灵活性（flexibility）作为一个综合性的概念被引入讨论中，指代工作中的权宜性安排（Hegewisch & Gornick，2008），包括工作时间和工作方式、工作地点等。但是研究者们很快发现，灵活性概念可能引发有关灵活性工作安排的主体性问题（Glass & Finley，2002），也就是这种安排体现了谁的利益，也即是谁的灵活性，因为在实践中灵活性不完全是以劳动者利益为出发点的，也有可能是有利于雇主的，例如有利于雇主随意增加加班时间等。因此，在有关灵活性问题的讨论中，对概念进行清晰的定义与操作化成为更重要的话题，由此引出有关工作压力中工作控制（control）的讨论（Kelly et al.，2014）。

虽然仍然存在部分争议，在大多数有关灵活性的定义陈述中控制一词都是其核心部分（Berg et al.，2004；Kelly et al.，2011）。为了便于研究的深入，学者们进一步提出灵活性是指工人对工作时间和工作时长、工作地点等方面的自主控制能力（Hill et al.，2008），总称为工作控制 [job（work）control]。在这个概念下还可进一步分解为四个维度：决策（decision-making）、自治（autonomy）、日程控制（schedule control）和权威（authority）。其中决策是指劳动者对劳动过程中的问题拥有一定的决策权；自治是指劳动者之间在组织生产的过程中拥有一定的自我组织与管理的权利；日程控制是指工作的时间和时长可由劳动者自己控制；权威则是对他人的工作拥有一定的干预、评论或讨论空间。

进一步的研究显示，控制的可及性（available）和使用率方面在不同的劳动者群体中是存在显著差异的。从性别来看，男性更容易获得，而女性更有使用的意愿；从年龄来看，年轻人对时间灵活性政策使用远高于年长者；从教育背景来看，拥有较好教育背景的劳动者更期待也更容易获得对工作时间的控制权，同时更频繁地使用该政策；从家庭背景来看，已婚且育有子女的劳动者更倾向于工作时间的灵活性安排；从工作特征的角度来看，那些职业地位较高、收入较高和较易获得晋升的工作往往更倾向于做出工作时间的灵活安排（Golden，2001；Allen et al.，2000；Glass & Estes，1997）。因此我们可以看到在有关工作控制方面，所涉及的不仅仅是雇主与工人的关系，更涉及了劳动者内部的分化与利益分配关系问题。

即使能够获得对工作的控制权，劳动者是否会因此而减缓其已有的工作压力呢？研究发现二者之间并不一定是确定的、直接的因果关系。一些研究发现，获得对工作的某种控制确实有助于劳动者工作压力的减缓，甚至由此减轻了工作家庭之间的冲突，有助于达到工作家庭平衡的良好生活状态（Kelly et al.，2011；Galinsky et al.，2011）。另一些研究者则在文章中指出那些收入更高且在工作中拥有控制权的劳动者往往感受到更沉重的工作压力，工作中的自治使劳动者面临更多的情感需求，拥有灵活安排工作时间的权利则往往容易导致频繁加班和侵占家庭时间，工作中的权威则会带来不同程度的人际关系问题，这些都是工作压力源的来源（Bakker & Geurts，2004；Schieman & Reid，2008）。这样看来，原本在工作要求—资源模型中作为减轻工作压力的资源的各类控制维度，在某种情境下也具备提高压力的潜在可能性。

对于这一现象的解释，主要来自边界理论（border theory）（Clark，2002）。边界理论认为个体致力于通过保持各个领域的相对界限从而维护其相互间平衡的状态，但是在工作压力产生的过程中，某些资源的存在提高了各领域间的渗透性（permeability），领域间的界限因此模糊，导致某种领域受到干扰产生冲突，从而提高了个体的压力感受（Schieman et al.，2006）。这方面最突出的例子当属日程控制。一般而言，日程控制在工作环境中被作为一种资源提出，认为其有利于解决工作家庭冲突和减轻工作压力，但是其同时提高了工作与家庭之间时间边界的渗透性。特别是当劳动者内化了工作场所中投入与贡献的文化要求时，日程控制则赋予了劳动者划定工作—生活时间边界的权利，其会更倾向于"自主地"投入更多时间和精力到工作中（Blair-Loy，2003），工作—非工作之间的界限模糊，压力由此而生。

以上仅呈现了此问题相关研究的沧海一粟，实际上仍有很多后续问题需要讨论，例如是什么因素促使工作中的资源成为压力源？当边界的渗透性提高时，目前只讨论了工作对非工作领域的影响，那么从另一个方向即非工作领域对工作领域的影响会有变化吗？是怎样的变化？这些问题看似琐碎却绝非理论上的斤斤计较，从现实状况来看对这些问题的回答反而更加重要。从全球工作发展趋势来看，灵活性就业①、工作的灵活性日渐成为流行的就业、工作模式，劳动者在工作过程中的控制权利也在某些行业中得到重视，但是这些发展趋势如何才能在企业组织中得到真正践行（不仅是书面政策），以及此种模式是否能真正带给劳动者其所承诺的种种优势或者说这些优势的获得是以付出何种代价为基础的。在评估相关工作模式时，我们在理论和实践双方面都需要谨慎地考察以上问题。

2. 职业地位差异（high status-low status）

工作压力研究中另一个重要且争议不断的问题是不同职业地位②之间的比较。在定义职业地位时，相关研究主要从两个方面进行考察：一个是劳动者的个人教育背景；另一个是其工作特征。那些具有更高教育经历、较高的管理岗位或专业职位的劳动者被归类为具有高教育、高层级、高收入的高级职业地位群体，反之则是低级职业地位群体（Wege et al.，2008）。

有关研究在低级职业地位工作压力的问题上争论相对较小，普遍认为低级职业地位的劳动者较容易受到工作压力的影响，从而产生一系列的问题。例如 Wege 等（2008）的研究发现工作压力

---

① 灵活就业一般包括：传统上一直存在的兼职工作（part time）、临时工（temporary work，contingent work），以及自 20 世纪后半期以来学界讨论的外包工作（outsourcing）、转包工作（subcontract）和非正规就业（nonstandard work）。而以劳动者的福祉为出发点的研究一般使用不稳定就业（precarious work）的概念。
② 一般意义上的职业类别至少与三个方面的变量相关：职业层级（occupational class）、职业声望（occupational status）、职业技能（occupational skill level）。在工作压力研究中所讨论的职业地位介于职业层级和职业声望两者之间，是一个综合但较模糊的概念。

更容易导致低级职业地位的劳动者健康受到损害，同时也更容易引起相关的心理疾病；Wahrendorf 等（2013）的研究也指出低级职业地位的劳动者更容易获得有关工作环境的负面感受，以及最终选择提前退出劳动力市场。这些研究实际上提出了在工作压力研究方面低级职业地位群体的关键特征——该群体在面对工作压力时的脆弱性（vulnerability）：面对压力时，由于缺乏各方面的应对资源，压力在该群体身上更容易产生严重的压力后果，包括生理、心理和行为等各个方面。学者们继而提出，那些改善工作环境、减缓工作压力政策的首要受益目标群体，应该是低级职业地位的劳动者。

然而现实往往是事与愿违的，我们看到愿意引入改善工作环境政策建议的企业往往集中在精英云集的高科技产业，而获得对工作控制权利的劳动者则集中在管理岗位和专业技术人员等拥有高级职业地位的劳动者群体中。社会也因此将这部分人的工作定义为"好工作"（good job），然而实证研究结果却颇具争议。

一部分学者认为，高级职业地位的劳动者由于其自身的人力资本和社会资本从而可以选择更好的工作环境，且其自身的资源将有利于缓解其所面临的压力问题，甚至会将其所面临的挑战转变成发展的动力（Weeden，2005；Wharton et al.，2008），这也与模型讨论部分的"好压力"（good stress）相关。另一些学者则提出了即使考虑到其所获得的资源，高级职业地位的劳动者的"好工作"往往意味着更高的工作要求，更多的加班，更多精力、情感的投入，因而导致更高的压力感受。在工作领域，这一方面与这部分劳动者的工作特征相关，他们大多从事的是以项目为单位（task based）的专业型、知识型劳动，这种工作特征下衡量工作绩效的关键变量将不是以工作时间为主，而是以工作成果产出为主，因此即使劳动者能够控制工作时间等方面却难以成为减缓其工作压力的有效资源（McGinnity & Calvert，2009）。不仅如此，从前面提到的边界理论和资源所造成的渗透性，拥有某方面的控制权利有时反而会加剧工作—生活间的不平衡，从而导致压力的产生（Schieman et al.，2009）。

综合来看，在有关职业地位间的比较中，对于底层工作者的研究已经达成共识，而对于精英工作仍有待进一步深入探讨。特别是对其中的两个方面需要进一步厘清：一个方面是有关将挑战转变为发展动力的问题，在现实的工作场域中是否真实存在此种案例，也即"好压力"（good stress）的假设是否能够成立，其作用的机制是什么，另一个方面是此类别工作的资源发挥作用和转变成压力源的条件和作用机制的问题。

3. 性别比较

在有关工作压力的性别比较中，研究者们已经取得了部分共识。大部分针对工作压力中性别差异的研究发现，男性和女性之间在压力反应方面存在着显著差异。例如从长期压力结果来看，女性更倾向于出现心理问题和一些不甚严重的身体不适症状（例如头疼、胃病等），而男性则倾向于出现一些严重的身体疾病；在压力条件下，男性的酗酒率要高于女性；同等压力条件下女性的自杀率低于男性（Jick & Source，1985）。

基于以上两性在压力反应方面的差异，研究者们的争论主要集中在两个方面：一个方面是导致性别差异的根源是什么，另一个方面则主要关心导致这种差异的压力作用过程是什么，其中是否也存在性别方面的异同。

对于第一个问题的讨论是以对两性生理差异的关注开始的。这一观点认为男性和女性在内分泌系统方面的不同导致了不同的压力反应。但是这一观点很快被学者们所否定，他们认为生理方面的差异并不足以导致行为上的巨大差异，反而是个体社会化过程中的社会结构和社会性别建构起到了更加重要的作用。

从社会结构的视角来看，研究者提出个体在组织中的位置决定了其行为方式。这一观点涉及两方面的组织：一个是工作组织，一个是家庭。相关研究表明，由于女性在职场中往往处于较低的职业地位和面临较差的工作环境，例如较低的薪酬、职业玻璃天花板等问题都将促使女性承担更多的工作压力。从家庭方面来看，一位职业女性将面临工作和照顾家庭的双重角色；对于男性来说虽然也会部分承担照顾家庭的任务，但"挣面包的人"仍然是社会对其的首要期待。因此，相关研究表明职业女性家庭中孩子的数量和年龄对其压力感受有显著的影响。这一点可以部分地解释为何女性表现出更高的心理压力（Gore & Mangione，1983）。

男性以重大疾病为特点的压力反应则需要从另外的视角来思考。相关研究认为由于社会化中两性性别认同的差异，在处理压力时，女性更倾向于寻求帮助以减轻压力，且更倾向于采用医疗手段，男性则更多采取行动来直接解决压力问题，因而导致了男性的压力反应结果主要体现在身体上，且由于较少使用医疗设施，疾病很难在早期得到妥善的诊治，因而多发重大疾病（Etzion & Pines，1981）。但也有研究提出处理压力行为模式上的性别差异有可能只是源自工作的差异，而不是性别认同本身。因为女性更多获得了那些地位较低、权力较少的工作，从而使其难以获得资源去直接面对工作压力问题，只好转而寻求其他方面的帮助（Folkman & Lazarus，1980）。

综上所述，在工作压力的性别比较方面，有关性别间存在差异的问题争论较少，而有关差异的形式和形成原因还远远没有达成共识。同时研究人员也注意到 20 世纪后半叶以来，家庭观念已经发生了重大变化，社会对父母照顾责任的角色期待急剧上升（Maume et al.，2009）。在此思潮中，虽然父亲的责任也被强调，但是女性作为母亲照顾儿童的作用被唯一化和放大化，从而使女性从家庭方面感受到了前所未有的压力，也使其工作—家庭的平衡问题变得日益困难（Blair-Loy，2003）。这类研究强调了变迁的作用却忽略了另外一方面的问题，即工作—家庭之间作用模式的多样性。

从工作家庭平衡的相关研究可以看到，工作和家庭间的作用机制并不是单一的此消彼长的竞争机制，也即溢出机制（spill o-ver），还存在补偿机制（compensation）和隔离机制（segregation）（Gallie & Russell，2009）。以上研究只强调了溢出机制，而忽视了另外两种机制的可能性。并且在溢出机制中也仅仅考虑工作和生活之间冲突的可能性，忽视了两者之间也可能存在互相缓解压力的作用模式。因此，有关工作压力的性别间差异原因及机制的研究仍然是片面的和粗略的，未来相关研究应在细致性、全面性方面进一步发展。

五　小结

从发展脉络来看，工作压力的研究以心理学发端，继而引入管理学和社会心理学，近年来则由工作社会学有关工作质量（the quality of work）和工作环境（working conditions）研究的兴起而被延伸到社会学研究的范畴之中。心理学、社会心理学等对工作压力的研究主要关注微观层面的作用机制和个体的主观反应，其研究层次和关注重点的独特性使其很难突破局限。而社会学领域相关研究则在这一点上取得了一定的进展。

社会学中有关工作压力的概念、研究框架主要来源于社会心理学的相关研究，因此两个学科间的研究具有一定的延续性和关联性。同时也因其研究方法、学术关注点等方面的差异发展出具有社会学学科特点的研究框架。综合来看，社会学的工作压力研究做出了两个方面的贡献：纵向的和横向的拓展。

纵向的拓展是将研究层次从微观层次拓展到宏观层次。社会心理学主要关注微观层面个体工作压力的作用机制，社会学中的工作压力研究（以下简称工作压力研究）则将宏观因素对工作压力产生影响的讨论引入进来，包括生产体制、雇佣模型、福利制度、社会性别等层面，极大地拓展了工作压力的研究框架（Drobnič et al.，2010）。

横向的拓展是提出工作压力并不是一个独立的领域，它与其他领域的互动也是工作压力研究的重要方面。提出总体生命领域包含多个重要领域，例如家庭、工作、休闲、共同体等，因此对工作领域相关问题的研究不应该仅关注工作本身的问题，而要联系其相关领域，分析其相互作用和影响。

以工作和家庭为例，提出了三种作用机制：溢出（spillover）机制、隔离（segmentation）机制、补偿（compensation）机制（Sirgy et al.，2001）。溢出机制认为工作领域中所产生的工作压力将影响其他生活领域从而导致行动者在该领域也产生压力体验；隔离机制认为工作压力将被严格限制在工作领域而使生活的其他方面不受其影响；补偿机制则提出个体努力尝试保持各领域间的平衡，如果在工作领域承受了过多的压力，个体会选择更多的休闲活动。

实证研究显示，溢出机制是工作领域的压力对其他领域影响的最主要机制（Gallie & Russell，2009），强调了工作相对于其他领域的重要性，但也有经验研究提出相反的观点，例如有学者提出工作—生活冲突的产生可能不是工作压力提高单方面导致的，而是由双职工家庭、单亲家庭增加而引起的。虽然争论尚未有定论，但这也显示出工作领域的问题与其他领域之间作用关系的复杂性，另一方面证明了三类机制讨论的必要性。社会心理学的研究则预设了工作领域的独立性，也即对隔离机制的无批判的采用。

虽然社会学的研究将工作压力的研究层次从微观拓展到宏观，但组织（中观层面）层面的研究仍相对匮乏。在工作压力的研究中，组织不仅是微观层面与宏观层面之间作用的中介，更是一个独立的变量，组织自身的结构、特点、变迁，以及个体与组织、组织内个体之间的互动机制，都是工作压力形成的重要影响因素，也即中观组织层面的压力的形成、传播机制。显然在这一层面，相关的研究亟待推进。

当然社会学中工作压力的研究路径也导致了其研究的先天不足之处。首先，略过了压力相关概念的讨论，从而使得工作压力概念在具体研究中的模糊使用，甚至产生了压力源、压力反应之间的混淆，以及身体压力、心理反应之间边界的模糊。其次，也引发了工作压力研究的主客观之争，包括以测量客观指标"level of living"为主的欧洲研究和以测量主观指标"quality of life"为主的美国研究（Drobnič et al.，2010），前者强调个体可支配的资源，后者强调个体的需求。实际上，主客观之争的本质在于对于压力源概念的争论，虽然目前具有将主客观因素综合测量的趋势（Blekesaune，2005），但其背后的争论并没有澄清。因此，社会学的相关研究未来在概念的澄清与方法的梳理方面还需要投入更多的精力，以夯实研究的基础，有利于此研究领域的深入发展。

除此之外，不同的学科立场也影响了各个学科在工作压力研究方面的重点和成果。心理学以价值中立的立场进行相关研究，主要在刺激—反应的行为主义范式下进行相关研究，在这个框架中劳动者主要作为客观、纯粹的行为载体；管理学则主要从工具理性的视角出发，将工作压力视为企业管理的策略之一，主要研究的是工作压力的管理问题，认为企业需通过对员工工作压力的管理来获得期望的工作效率和工作绩效，因此其提出工作压力在工作中是必不可少的，但需要控制其程度，过轻或过重的工作压力都不利于工作效率、工作绩效的提高；社会学在此方面的学术传统呈现出了多样性的特点，二元论者强调资本和工人之间的对立，因此主要从工作压力对劳动者福祉的影响来进行研究，多元论者则认为各方之间的利益是可调整和平衡的，因此致力于对企业可接受、具有实践性、可行性的提升工作质量、工作环境的相关政策的探讨。

不同的学科立场和研究传统深刻地影响了学者对其研究问题的选择和研究重点的取舍。这一点不仅需要在相关文献梳理时进行辨别，在后续的相关研究中更需要研究者们保持警醒和做出选择。

第二节　理论框架与研究方法

一　理论框架：三种工作压力模型

从前述部分的文献回顾可以看到，有关工作压力的研究模型众多且纷繁复杂，在当前社会学视角下的讨论中，最受关注的主要是努力—奖酬模型和工作要求—控制模型，本研究的主要理论框架也将建基于此两类模型之上。

在努力—奖酬模型中，主要强调的是劳动者与组织之间的契约关系，重点考察的是劳动者行为的结果。当劳动者的付出得到组织的回馈时，其会达到较好的工作状态，舒缓工作压力；当组织的回馈没有达到劳动者的预期时，劳动者则会产生消极感受，工作压力相应提升。在此模型中主要强调的是劳动者个体与组织间的利益互动，在实践中我们能够看到，互联网公司普遍以两种方式建构面向员工的组织承诺，一方面是激励员工在投入工作、不断创新的过程中达到职业发展的顶峰，践行技术改变世界的职业理想；另一方面，通过期权激励计划，与员工分享企业发展的部分收益，短时间内造就了互联网行业内大量的财富神话。互联网公司正是以职业发展和财富神话建构出了劳动者发展的职业路径，以此将劳动者的个体利益与组织发展相结合。因此，努力—奖酬模型主要体现在互联网工作环境中的激励策略中，但在本研究中的主要问题是劳动者的付出在得到组织回馈的条件下，是否真正能够缓解工作压力的产生，或者此种模型以何种方式影响劳动者的工作压力。

在工作要求—控制模型中，强调的则是劳动者的工作过程。在其工作的过程中，劳动者的工作任务以及组织所设定的劳动者所能获得的支持，包括其对劳动过程的控制和可调配的相关资源。该模型提出了四种工作类型，其中高要求—高支持的模式是最好的工作类型——积极型工作，劳动者将拥有积极的学习动机、较高的工作效率和良好的工作成果。研究者认为虽在此类型的工作中，劳动者也会产生工作压力感，但首先其工作压力将由高支持而得到缓解，其次，此类状态下所产生的工作压力也是"好压力"，拥有激励劳动者学习的正向作用。

　　因此工作要求—资源模型主要讨论的是互联网工作的过程。它提供了分析工作环境的一种重要视角，即在工作环境中既包括产生工作压力的要求变量，也包括缓解压力的资源变量。这一点将是本研究在分析互联网企业工作过程的主要框架。由于互联网行业的发展特点，其所面对的市场和竞争是残酷而激烈的，因此高压力也是有目共睹的，互联网企业在管理策略中也提出了相应的政策应对此种压力状态和激励创新，包括工作时间方面的灵活性政策和工作文化上的自由、平等氛围等，以此来建构积极型、学习型组织。但是问题在于，由于工作场域本身的多元化和复杂性，以及其与家庭、休闲等领域错综复杂的关系，企业所建构的支持是真正起到了支持的作用，还是反而产生了负面的作用？在有关易万公司的工作环境和工作过程的分析中，本研究希望通过劳动者个体感受和故事呈现这一压力作用机制的复杂性，以便进一步厘清互联网工作环境下工作压力作用的特点。

　　最后，在以上两个模型的基础上，本研究还需要引入第三个模型——ISR 模型。相较于前两个模型，ISR 模型最大的特点在于在研究中聚焦于劳动者个体。这一方面体现于强调在工作压力的作用过程中，劳动者的个人特质是有着非常重要的作用，相同的压力源在不同的劳动者那里将产生差异巨大的压力感受、压力行为和压力结果；另一方面则在于其对工作压力在劳动者身体和心理双方面的影响的关注，特别是长远影响。这同时在两个方面提醒我们：第一，在工作压力研究的过程中需要关注到劳动者的主体性，我们不仅需要呈现总体趋势的定量分析，更需要能够呈现劳动者个体特质的多元化、质性的研究；第二，当其他模型在讨论如何实现"好压力"的时候，此模型提醒我们进一步追问"好压力"对劳动者的真实影响又是什么？换句话说，此模型支持我们进一步质疑"好压力"的存在，以及相应的各类支持与资源对工作压力的缓解的可能性和方式。

因此，本研究的研究框架是建基于三种主要的工作压力模型之上的。努力—奖酬模型是本研究在分析易万公司激励政策时的主要分析框架，工作要求—控制模型是分析易万公司工作环境与工作过程中的主要分析框架，ISR 模型则是本研究主要的反思框架，以凸显劳动者主体性的方式洞察前两种模型在分析工作压力产生机制过程中的问题和假设。

最后，社会学的经典研究框架亦提醒我们，在全球化时代，组织一方面作为劳动者的工作压力的分析背景，同时是全球金融资本链条中的一个有主体性和受影响的个体，对于互联网行业来说尤其如此，因此在考察互联网企业组织内部的工作压力来源之时，对于宏观结构因素的把握不能仅停留于对技术和企业文化的考察，而需要将金融资本、资本市场等方面的影响亦纳入进来，以呈现一个完整的工作压力作用机制和作用链条。基于此种考虑，本书将易万公司与金融资本——华尔街之间的互动关系单列一章进行分析，尝试找出金融资本主导下的工作压力作用机制在互联网企业组织内部和劳动者个体两个层面上的作用机制和特点。同时，单列一章比较不同互联网公司案例，以发现工作压力机制的变迁趋势。

二 研究方法

本研究主要采用参与式观察、访谈、文献搜集和数据分析的研究方法。

博士在读期间，笔者在易万公司半正式地工作了近四个月。在此期间，除了日常工作外，既有机会参加公司大型活动，也参与部门培训，以及相关的各种讨论和会议，充分了解了公司运作和各部门相关的工作和劳动者。在参与式观察期间，每天撰写田野日志一篇，共 79 篇，近 2 万字。同时搜集相关组织的公开的文字资料。

参与式观察的后期和 2015 年、2019 年，笔者又陆续开展了半结构式访谈，所涉及人员，包括技术人员、产品人员、实习生、销售人员、人力资源等共 30 人次，目前已经整理出访谈资料 30 万字。

田野调查资料中涉及的组织名称和访谈者姓名都已做匿名处理。

在田野调查中搜集到的材料包括易万公司对外发布的相关文件，也搜集了易万劳动者在网上论坛中匿名和非匿名的网络讨论。需要特别提及的是，本研究亦从新闻网站和论坛中搜集相关的新闻和评论，以作为比对、补充资料。这是因为，互联网公司目前的社会影响和经济价值都受到了全社会的关注，各大互联网公司的大小举措都会受到媒体和公众的关注，因此公司大到发展策略、小到内部邮件都能够在公共网站上找到，也由此成为我们了解公司动向、长期深入关注公司组织发展的重要信息来源。由于易万公司本身作为一家典型的精英互联网公司，其重大举措都会为媒体所关注，因此其内部高层决策性的邮件或声明等都会被媒体全文刊载。所以即便后来笔者不在公司内部工作，也保持了对公司发展较为详尽的了解，这也为本研究搜集和使用相关材料提供了很好的支持。

特别是在易万公司的策略动向与华尔街之间的关系方面，本书主要采用的都是媒体公开报道的公司财报和具体应对策略事件。

除此之外，为了能够对更广泛的受互联网技术影响的工作有一个整体了解，本书在后半部分引入了全国有关工作压力状况的抽样调查数据。本研究采用了 2014 年实施的"中国社会态度与社会发展状况调查"的与工作压力和互联网技术使用相关的数据，以对相关现象和问题进行总体性的、全局性的观察和梳理，并用以比较不同工作环境下工作压力的作用机制。

从总体来看，本书主要以质性研究方法完成核心部分的研究。其中的参与式观察、深度访谈等为主要的调查方法，是大部分田野资料的来源，当然对于易万公司的相关策略的理解和诠释绝不仅仅基于书中所呈现的点滴材料，更是基于笔者对该公司和互联网产业前后十余年的关注与观察。

第三章　互联网新型工作环境及其挑战

2012 年 10 月底的一天，笔者去见易万公司的朋友们。他们刚刚参加完易万的战略沟通会，谈话的议题也一直围绕着这次会议的主题：狼性文化。易万公司的狼性文化运动正是由此次会议拉开帷幕，继而在 11 月初创始人兼 CEO 以邮件的方式将狼性文化的精髓、前因后果向公司全体员工发布，由此展开了一段全公司轰轰烈烈学习狼性、践行狼性的狼性文化运动。

总体上看，国内企业管理者对狼性文化并不陌生，也并非易万公司首创，而是由一家大型本土 IT 公司提出的。该公司借助此文化绝处逢生，最终成为世界 500 强企业之一。然而这并不意味着，狼性文化所代表的管理思想被广泛接受，至少从易万公司员工和同行业其他公司事后反馈的角度来看，其与企业文化中既有的工程师文化等存在巨大的差异和冲突。因此，狼性文化在易万公司一经提出，即引起组织内外热烈的讨论，以及一系列的迁延变革。

从这一角度看，狼性文化运动在易万公司工作压力机制的形成与变迁过程中可以看作一个具有里程碑意义的事件。易万公司通过引入一个与其原有企业文化相冲突的管理理念，试图干预已有的工作模式，从而一定程度上改变了工作压力形成机制，当然也激起了劳动者的反思与反抗。本章，我们希望通过此干预与反抗的过程，呈现出新型互联网工作环境的特点以及其变迁的趋势。

本章的主要内容将围绕易万公司的狼性文化运动展开，但在详细介绍这次运动之前，还需要交代清楚在运动之前一般互联网工作环境及相关企业文化的特点，由此方才有利于进一步理解狼性文化所造成的冲突和在企业内部最终的践行模式和落实结果。

第一节　新型互联网工作环境

一　互联网技术与文化

互联网技术的发展始于 20 世纪 60 年代的美国，自 20 世纪 90 年代以后由于其与商业领域的结合而得到迅猛发展，并得以在越来越多的领域成为激发颠覆性变革的核心要素。单纯就技术而言，主要有三个方面的力量：信息、链接和计算能力（施密特等，2015：序言XXIX）。首先，互联网技术的发展使人们的信息交换得以突破时空边界而变得简单便利，由此人们通过互联网可以获得海量、免费的信息；其次，移动通信和网络终端的产生进一步提高了网络信息、网络服务的可及性、持续性和普及性，互联网技术不再是学术精英或权力机构的特权，使用互联网技术的人群急剧增长，也为商业应用的赢利奠定了基础；最后，云计算的发展使普通人得以通过可承担的成本来使用专业研究级别的计算功能、网络空间和各类软件，特别是技术文化中的公开、共享等特质，使收入处于中下层的民众能够以免费或低廉的价格使用到各款软件服务，使互联网技术的影响范围得到了前所未有的扩展。由此，互联网改变和影响了大部分人的工作与生活，促进了多个领域的变革。就我国而言，目前媒体、教育、零售业等多个方面都因互联网的介入而产生了颠覆性的发展模式。特别是在 2012 年前后，移动互联网的发展更颠覆了传统服务业的运作模式，使人们的消费模式、工作模式都产生了巨大的变革，而这一点是植根于我国社会的特点所发展出来的，较第一代 PC 端的发展更拓展了与本国实际相结合，推动社会经济发展的技术动力。限于篇幅，此处不再一一列举。

当然，互联网也影响着工作领域。一方面体现在技术领域，网络的使用和网络硬件设备的普及，既有利于工作中的沟通，也促进了工作效率的提升，从管理方来说，也有利于监管的开展；另一方面则主要表现在互联网的文化维度。

在讨论互联网文化时，卡斯特提出："技术系统是社会的产物，社会生产的形成是文化的，因特网也不能例外。"卡斯特特别重视对互联网文化的研究。因为他把"文化理解为一套指导行为的价值观和信仰。重复的行为模式催生出制度习俗，并有强制性机构及非正式的社会组织落实执行。……文化是具体的，是一个集体性建筑物，超越了个人偏好，影响着文化中的人的实践"（卡斯特，2007：41）。具体来说，卡斯特将互联网文化总结为四个结构性特征：技术精英文化、黑客文化和虚拟通信文化以及企业家文化。四类不同的文化分别在不同的领域发挥作用，但它们也拥有一些共同的文化特质：公开、自由、平等。

这些特质一方面与互联网技术的起源相关，其起源于大型军事组织和学院组织的研究，是学术研究的产物，从而将学术传统中有关自由主义的和学术研究的方法作为基础的价值观传递到互联网技术之中；另一方面则与互联网技术商业化中的使用模式相关，虽然企业使用互联网技术的最终目标是追求经济利益，但是商业化的过程中企业也同时认识到创新是在竞争中脱颖而出并获得经济利益的关键要素，而对于互联网技术行业来说，既往的创新都主要源自自主的研发策略和宽松的工作环境，因此，为了获得创新，企业不得不向互联网技术诞生的学术领域学习，调整传统的商业对劳动者的管理控制策略，赋予技术劳动者更多的自主性，建构以工程师文化为核心的企业文化，形成员工友好型的宽松工作环境，以保证企业拥有源源不断的发展动力，在互联网发展浪潮中占得先机。因此，企业中的互联网技术劳动大多采用自主程度较高的工作模式，而相关互联网技术则是此种制度的必要的物质支持和技术支持。

正是以上所提到的技术与文化特征决定了互联网企业内部产

生了新型的工作环境。

二 新型互联网工作环境

有关工作环境的研究虽然在概念上一直没有取得一致，但其近年来的转向则是有目共睹的：工作环境的研究从关注工作时间、工作空间等客观层面开始拓展到关注工作自主性、工作安全感等主观层面（Drobnič et al. ，2010）。这一点是工作环境研究在传统工作领域取得的非常重要的进展。然而当互联网工作环境逐渐发展后，这一研究进展显然再一次遭到了挑战。

对于互联网公司来说，工作环境中的主观方面是整体环境中的核心与主导，而不仅仅是其中的一般组成部分。具体来说，工作环境中的主观方面——工作文化决定了企业工作环境的特点，并由此影响了企业客观层面工作环境。以世界知名的互联网公司——谷歌公司为例。该组织提出文化是企业工作环境中最应重视的要素。最直接的表现是该公司在 2004 年上市时的公开募股书中加入了"创始人公开信"[①] 以向全世界强调和彰显该公司的价值观和文化信条，目的是"记录谷歌独特的价值观以备未来的员工和合作伙伴参考，（这）才是决定企业长远利益的重要因素"。

谷歌是这样倡导的，也是如此践行的。文化直接影响着谷歌工作环境的特点。例如互联网文化中的平等、自由原则促使企业提供去层级化的工作氛围，来自组织发展的创新要求提出了促进员工之间平等、自由交流的要求，由此，谷歌将工作环境分为两种：办公区域和娱乐区域。办公区域打破传统凸显职级地位的封闭式办公室的概念，而改为大开间敞开式办公，每个人都只拥有自己的一个小小的办公位，以便于随时开展交流和讨论，在这里办公设施与职级权力之间的联系虽然仍然在一定程度上存在，但已经非常薄弱；娱乐区域主要是为了员工放松和交流以及学习，

---

① 原文请见附录。

以学院风格为主，提供了一流的体育、学习和娱乐设施。

除了空间上的安排，在时间方面，谷歌也给予了员工较大的自主性，最为人熟知的就是著名的 20% 时间制。这个工作制度主要是指公司默认允许员工拿出 20% 左右的时间来探索自己感兴趣的项目。并且明确指出该制度的重点在于自由，而不是时间的长短。这个制度使员工在工作绩效（KPI）的精细化管控之下，仍然能找到实现 KPI 盲区且自己兴趣所在的创意。也就是说，只要没有妨碍正常工作，谁也无权干涉员工忙自己感兴趣的事情。这项制度的成果也是显而易见的，谷歌的语音服务、谷歌新闻、谷歌地图等都是这项制度的成果。

同时，在讨论和决策环节，努力营造无论职位级别每个人都会受到重视且拥有自主权的互动氛围，使员工在公共讨论和组织策略等方面拥有宽松的质疑和发表个人见解的组织人文环境（施密特等，2015）。

这种办公环境和办公氛围的设计与企业组织所提倡的平等、自由、创新等工作文化目标是相匹配的，而在此种条件下工作环境的特点主要取决于文化层面，也即企业文化在此工作环境中是居于决定地位和具有主导性的。这与已有工作环境的研究中将工作客观方面和主观方面并列的观点显然已经存在了较大的差异，且这一特点在互联网产业中的表现已经非常明显和普遍，不仅在谷歌所在的美国具有同一性，在其他互联网公司渐渐起步的国家和地区也都具备相近的特征，本书所涉及的易万公司也是我国此方面的一个典型代表。因此，为了将其与传统工作环境相区分，本书称其为"新型互联网工作环境"。

三　易万公司的工作文化与工作环境[①]

易万公司的互联网工作环境特点的产生也绝非偶然。随着我

---

① 本部分内容发表于《社会发展研究》2015 年第 1 期。

国互联网技术人才回国发展，将互联网技术和相关文化同时引入，因此我国大部分精英型互联网公司也是新型互联网工作环境的倡导者和践行者。易万公司即是其中之一。易万公司的工作文化同出于互联网技术文化之中，又结合本土自身特点，主要可以概括为：梦想、平等、自由。当然文化背后的追求皆为公司的创新与发展，也即公司经济利益的最终实现，这一点无论中外概莫能外。

关于"梦想"，在公司的入职仪式上的小短片是其比较典型的诠释。此短片以易万公司的一位年轻女性员工为主角展开。

（她过着平静普通的上班族生活，但）她觉得他们虽然偏执，但是有梦想，而自己没有，大家告诉她买房、买车、找老公就是你的梦想，她觉得不是，她不快乐。（在一次整理物品时，她发现了小时候写给自己的一封信）信是1993年的她写给人生10000天的自己的。那时的她有很多梦想，但觉得自己太小，她觉得自己人生10000天的时候应该能实现所有梦想了。这个盒子上大学的时候被打包到了北京，从此压在箱底没有动过。

虽然只剩下一天的时间，但她做出不放弃的决定只用了一秒钟。

（在这一天里，她几乎完成了所有梦想，虽然"找到人生的意义"这一梦想还未实现，但……）

人生的10000天已经过去，她却并不难过，她闭上眼睛看到这一天的一幕幕飞速地从眼前掠过，自己所经历的一切似乎比之前9999天都要多。

我们的人生其实还很长，还有太多时间去实现自己的梦想，重要的是我们还没有忘记自己的梦想。（根据田野笔记及网络视频整理）

关于平等，则体现在入职仪式的另一个视频中：

　　故事一：由公司的一位副总裁扮演办公楼入口的保安，他拦住了一位没有出示工牌的女同事，女同事说："我这么漂亮，你还记不住我啊？"这位副总裁扮演的保安说："同学，昨天已经说过不能刷脸的哟。"

　　故事二：公司的另一位副总裁扮演公司食堂的厨师，一个打饭的同事抱怨说："师傅，你这鱼香肉丝里面的肉也太少了。"厨师马上环顾四周，边拿一个鸡腿放到该同事的碗里边说："你看这样行吗？"

　　故事三：公司的 CEO 扮演前台为新入职员工服务，表示——"欢迎你来到易万公司，与我们同行。"

　　入职，是劳动者进入企业组织工作的第一个流程，也是企业对员工进行企业文化教育的第一步，在这个仪式中重点播放的以上两个视频，足可以展现企业想要给新员工所留下的重要第一印象了，也完全可以看出"梦想""平等"等文化价值观的重要性。

　　关于自由，则来自《易万宝典》的一个故事。

给最自由的空间

　　所谓管理者的职责，就是为优秀人才搭建一个自由、宽松的平台，因为人只有在自由的空间里，其创造力才能真正释放出来；也只有在独立自主地面对与解决问题的过程中，才能得到最高速的成长。

　　上班第一天，办公室还在装修，大家聚在一起兴奋地讨论公司成立后，需要定一些什么制度。CEO 不假思索，脱口说："不能带宠物来上班，不能在办公室吸烟。""就这么两条儿啊？！"大家面面相觑，有些不解，以为 CEO 在开玩笑，公司将来会越来越大，这哪儿够啊！"就这两条儿，我觉得已经够了。"CEO 很坚决地说。

一晃十年过去了，易万总部的员工已经接近 3000 人，规矩还是那么两条儿，几千号人都在"自由"地工作："易万实行弹性工作制"，员工可以自己安排上班的时间，十点半才到单位；可以趿拉一双拖鞋出席任何级别的会议；可以上班时间跑到休息室睡上一觉；可以在 MSN 上坦然地聊自己的私事。

然而易万的自由并不仅仅是给予员工工作时间的自由，而是个所有员工更大的舞台。对管理人员，CEO 经常提醒他们："一定要充分授权，可千万别让大树下面寸草不生啊，要让你们团队中的每个人在自己的职责范围内都拥有处理事务的充分自由。这样，他们才能更快地成长起来，整个团队才能一天比一天强。"

CEO 说，他和公司每一位管理者的职责就是给大家提供一个宽松、自由的平台，让大家在这个平台上心无旁骛地尽情发挥创造力，自由奔放地施展才华。（引自易万公司的文化手册——《易万宝典》）

《易万宝典》是易万公司经过几年积累，将自己的企业文化以口号和企业内部真实案例相结合的方式集结出版的正式读物，企业员工人手一册，且经常组织学习和讨论。宝典里面的案例除了公司高管的经验，更多的则是普通员工践行企业文化的故事，读来令人非常亲切，且使原本抽象的文化口号以具体生动的形式演绎出来，更易于员工在日常工作中理解和实行。如果说入职过程中的视频具备的是一种仪式感的属性，那么《易万宝典》所呈现的效果则主要涵盖了日常性的践行属性，更加落地和可执行，二者互为映照，相辅相成。

从以上三个案例中，我们可以看到，易万公司的工作环境与工作文化是紧密结合的，包括宽松的办公环境、弹性的工作时间、高自主性的管理策略等。同谷歌公司一样，易万公司的企业文化并非口头支票，在企业管理策略中大部分得到了较好的落实。这也成为该企业吸引优秀人才的重要特质之一。易万公司认为正是这些特点为企业的飞速发展提供了助力，促进了企业和员工双方面的成长。互联网产业及其工作环境也因此不仅成为一个企业组织的成就和特点，也成为社会各界关注与讨论的焦点。

然而就在公司高速发展的第十二个年头，高层突然提出将在企业内部践行狼性文化，一时间企业内外一片哗然。

第二节　典型工作压力事件：狼性文化运动

在易万公司推行狼性文化的过程中，各个层级的员工对狼性文化有过不同的解读，既有管理层结合本部门的特点诠释——如何在本部门推行狼性的正式文本解读，也有员工在各种讨论会上的口头解读。然而最具代表性的仍然是其创始人兼 CEO 关于狼性文化的邮件内容。

以下为狼性文化邮件全文①。

改变，从你我开始

在战略上，首先是 Rectify the underinvestment problem.

我们过去几年掺②了很多钱，但是我们投入不够，大家每次看我们财报说我们 50% 的利润，当我们的业务还在快速成长时，我们不应该快速追求净利润，我们应该把更多的钱投入到更多的新业务和创新上。

In addition to the core business，enhance the enabler and protector！

除了我们的核心业务之外，还要去投资哪些东西可以使

---

① 腾讯科技，2012 年 11 月 7 日。

② 此处应为挣。但网络原文如此。此邮件后面也有一些地方似乎需要校对，但是出于尊重原始资料的考虑，一律不加以调整了。

得用户更多的使用易万，比如说浏览器，你有比较大的市场份额，你就能够通过用户引导上网行为，这方面我们投入不多。

你有这么好的市场地位，如果有人想来抢他抢得到，就有问题了，你需要有一些东西来保护自己。

再就是我们需要的 Willing to disrupt ourselves.

有些我们固有优势，随着时间推移跟市场变化会被削弱，而这个时候抗拒市场的变化会很危险，不如革自己的命，既然发现用户从 PC 往移动上迁移，我们就应该主动引导用户更早的去迁移到无线上，这样我们就可以借助 PC 上的优势，把移动做起来，而不是拼命维持现状，想到用户留在 PC 上，比如说在销售这个领域，我们销售很可能说让客户把钱花在推广上，变现很强，但是用户的使用习惯在迁移，我们如果不教育客户迁移上，将来的日子就会很危险。

Managers need to understand the strategy at his/her level.

过去我们觉得战略是 CEO 层面的东西，其实不完全是。最大的战略是 CEO 层面的，但是每一个产品每一个业务都有自己的战略，你负责的业务和产品，甚至你负责的功能你要清楚它的周边环境是什么，它的战略是什么，你要知道随着市场变化，这样的东西应该发生什么变化。

鼓励狼性，淘汰小资

执行上我们也有很多要变革。我们将易万文化叫简单可依赖，但是随着时间推移，怎么样做到简单、做到可依赖，这是不一样的。现在我观察到的问题，两点，一个我们是需要去鼓励狼性，一个是淘汰小资。狼性这个词儿是另外一家公司发明的，借过来用。借过来也确实是有一定的顾虑，这词儿在有些人看来不是一个百分之百正面的词儿，或者说在很多人看来这个跟易万文化是不符合的，是有冲突的。但是他们对狼性的三个定义，对现在的易万非常合适：敏锐的嗅觉、不屈不挠奋不顾身的进攻精神，群体奋斗。

这三点肯定都是正面，肯定都是易万应该有的。这三点跟我们简单可依赖的文化没有冲突。我们需要有敏锐的嗅觉，需要有不屈不挠奋不顾身的进攻精神，需要群体奋斗。其实早期的易万就是这样，交给你的活你不仅能干到公司里最好，还能干成中国最好，干成世界最好。而那个时候困难要比现在多很多，交给你不掉链子你才可依赖，你没有干好怎么叫可依赖？

淘汰小资，这个 PPT 我在总监会上讲过，讲过了之后可能有一些 Estaff 和总监往下传达过这些东西，后来 HR 也做了一些采访，感觉大家对这个小资其实是有比较大的争议的。什么是小资，我的定义是有良好背景，流利英语，稳定的收入，信奉工作只是人生的一部分，不思进取，追求个人生活的舒适才是全部。

尤其争议比较大的是第一句话，良好的背景，流利的英语，他们说 Robin 你不就是这样的人吗，我说正好因为我是这样的人我才敢说要淘汰这种人。

大家可能觉得经过这几年的发展，易万变成很大的公司，变成很优越的公司，招来的人都不错，北大清华毕业，条件也挺好，世面都见的不错。但是我告诉大家，这样的背景不一定是你的优势，因为你的生存环境太舒适了，就好像恐龙，经过很多年长得很大，但是条件变得很恶劣时你却活不下去。反而是那些农村出来的，家里没有什么钱，靠自己的努力一点一点打拼出来的，他其实生存能力更强。所以总监会上讲完了之后，大家都跟我说 Robin 要不要改一下？我说不用改，我就是要让这批人明白，这些个条件，不是你的优势，反而有可能变成你的劣势。因为你过去过得太好了，一旦环境变化，一旦竞争变化，这是可怕的。

包括我的孩子，我说你一定要吃苦，你没吃过苦，将来不可能干成什么事儿。

所以说，淘汰小资是呼唤狼性，呼唤狼性就是要胡萝卜加大棒。要让所有员工更明确如果想找一个稳定工作不求有功但求无过地混日子，请现在就离开，否则我们这一艘大船就要被拖垮。

减少管理层级，提升效率

减员增效，就是要减少单纯做管理的人数，高工要写code，管理者要懂业务。我做过一个统计，T5 以上的人写code 都比较少，T5 是基本上进来两年的时间，刚刚学会一个code 就不写了，因为他们要带很多新人，没时间自己写了。那我们就要减少 junior people 的数量。对那些努力程度不够的、没有了激情的要让他走人，我们把省下来的钱加到那些真正想干活出成绩的员工身上。

减少会议，及时拍板，每件事情都要有明确的决策人，有 deadline，有人去跟进。

使命和文化高于 KPI。过去我对 eStaff 这么要求，后来我跟每一层员工每一层经理部都这样要求。经常会说这个东西不是那个部门的 KPI，所以他不好好干，也不着急。我们整个公司都要倡导文化使命高于 KPI 的理念，符合我们文化和使命的东西你就要去做，就要去配合。

所以回来还是要说，整个中国互联网、世界互联网，或者整个市场经济的环境，其实都是符合物竞天择适者生存的规律。我听说恐龙脚上踩到一个瓢，几个小时以后他的脑子才能够反应过来，这样不管你长到多大，你都会灭绝。而我们不能做恐龙，我们要做一个强者，转变观念，做一个云和端都很强的公司，用创新和激情实现易万的二次腾飞。

谢谢！

（资料来源：腾讯科技，2012 年 11 月 7 日）

从这封邮件中能够看到，在狼性文化运动中，易万公司一方面要提倡狼性，另一方面则要淘汰小资。其中狼性是指"敏锐的嗅觉、不屈不挠奋不顾身的进攻精神，群体奋斗"，需要被淘汰的小资则是"有良好背景，流利英语，稳定的收入，信奉工作只是人生的一部分，不思进取，追求个人生活的舒适才是全部"。这两条内容合在一起，释放出组织将进行重大整改的强烈信号。

但同时，也显露出与已有企业文化相背离之处。从邮件的内容可以看到至少有两个方面：一个方面是对精英文化的否定，易万公司的员工大多数来自国内外顶级高校，具有良好的教育背景，这也是互联网技术人员的一致特征，而在邮件中公开宣布要"淘汰小资"，在一定程度上让员工群体感到了比较严峻的威胁，从而推广开去开始担忧自己在工作中已经享有的自主性会受到威胁，从这一点来看，狼性运动已经带有与既有企业文化相冲突的意味了；另一个方面是对狼性的呼唤和解读重点放在了"不屈不挠奋不顾身"的奋斗，且要以"胡萝卜加大棒"的方式推动，而不是过往主要以激励而非惩罚的方式进行管理，从这一角度员工担忧的是自己的劳动强度会被强制提高，且在自主权空间减缩的情况下最终遭到"大棒"的惩罚。这也与企业所倡导的以"梦想""激励"驱动员工工作的企业文化而非惩罚的理念背道而驰。

因此，邮件一出一片哗然，而狼性运动却也在 CEO 的强势主导下自上而下地在公司推广开来。在执行过程中，具体表现在三个方面。

第一，声势浩大的狼性文化讨论与学习。以公司高层在季度战略沟通会上的发言和全体邮件为发端，易万公司内部就狼性文化进行了广泛的讨论。各个部门的领导一方面撰写有关狼性文化的心得体会发布在公司内部的主页上，公司同时在此网页树立和展示具备狼性标准的员工典型；另一方面定期召开本部门的学习讨论会，讨论如何在本部门践行狼性，制订相应的行动计划和工作规范。

第二，弹性工作时间政策的收紧。在如何践行狼性的讨论中，最先实行且最明显的改变在于工作时间方面。在前面一节自由案例里所提到的"十点半上班也可以"为代表的弹性工作制，在狼性文化运动中被大多数团队否定，明确规定为上午十点前必须到公司，最坚决的团队甚至在早上通过即时办公软件进行点名考勤。因此，从这时开始，易万公司工作时间的弹性被大大缩减，弹性工作制被狼性文化代表的考勤加班渐渐取代。

第三，绩效考核政策。除了工作时间外，易万公司在绩效考核方面同样提出了衡量狼性的标准。一方面建立强制淘汰的绩效考核机制，规定出每个团队在年终考核时必须有一定比例的员工绩效为 5（5 代表绩效最差的一级），此部分员工将被划归为不能胜任职位的类别，不仅升职加薪无望且处于随时可能被辞退的境地；另一方面提出在绩效考核中加入 △（Delta）指标，该指标是指在年初制定绩效目标时未能列入计划但员工在年终考核时做出的突出贡献或表现出非凡的才能，在绩效考核中 △ 指标的实现将有利于员工进入职业发展的"快车道"。

从执行的三个层面来看，员工的担心不无道理，明确到岗时间和考勤措施的实行，标志着易万公司原本较为弹性的工作时间突然收紧，而对狼性的考核最终仍然难逃 KPI 指标魔掌，雪上加霜的是对员工进行淘汰制的 KPI 考核措施，使正向激励的管理思路开始向负向惩罚的管理思路转变。

对于此种情况，互联网文化的发源地之一的谷歌公司也早有讨论。

　　企业文化一旦形成，想要改变绝非易事，因为企业在成立之初，容易受"自我选择倾向"的影响。也就是说，与企业秉持相似理念的人会被吸引而来，而与企业理念相左的人则不会。如果一家企业的文化支持员工拥有发言权，也支持委员会来制定决策，那么便会吸引持相似观点的员工。但如果这家企业后来又试图采取专制或强硬的作风，那么员工就会很难适应。这样的改变不仅违背了企业的初衷，也违背了员工的个人理念，因此注定走不下去。①

现实当中实际发生的企业文化反转案例中，易万公司的狼性文化运动最终结果怎样，员工又作何感想和反应呢？

第三节　有关狼性文化运动的结果及讨论

一　一线劳动者的讨论

从企业的管理与控制角度来看，狼性文化运动是一个明显地加强对劳动者的管理控制从而导致其工作压力加重的案例，同时，其与平等、自由等工作文化之间的差异也必将导致互联网文化的奉行者们的强烈反对。相关的讨论伴随着狼性文化运动推行的始终。其中最突出的一点是反对者不仅包括公司内部在职的员工，也包含了已经从易万公司离职的员工。

以下是一位在职员工在网络上的发言。

说真话的人不容易，顶楼主。公司有没有想过，为什么4/5级这种能切切实实干活创造价值的走了这么多人？留下来的人，要不就是刚刚招进来的应届生，要么就是6级以上/M岗位拿着不错的薪水和股票那种一直待着的人。为什么这两种人剩最多，真正能踏实干活的人流失了这么多呢？

1) 公司给瓶颈期的工程师留的机会非常不够用；2) 管理

---

① 引自《重新定义公司——谷歌是如何运营的》一书的第一章文化：相信自己的口号。参见施密特等，2015。

上出现了问题，同质化太严重以致一死就是死一票人；3）突破瓶颈期的工程师可能还会遇到新的瓶颈，这时候相关的机制已经不太完善了。举个例子，易万这么多年，主动砍掉的产品有多少个？一个产品推出后那么多 feature 都一直有人用吗？

2）在公司工作，大家觉得有压力，工作强度也不低。虽然过去的文化"非狼性"，但是感觉大家都很努力。不知道老大是怎么感觉大家在小资去了。宽松的氛围有利于创新，不知道狼性文化会不会与之抵触。

3）就怕这个讲话被某些就知道 KPI 的 Leader 见到，做一些不合理预期，搞一些高压政策，逼着下面的人为了 KPI 而 KPI，反而失去很多东西，而在一个公司内不是所有工作都有一个 KPI 的，但是一样需要人做。（来源：根据田野笔记整理）

同时，已经离职的员工对此次运动也非常关心，在当时的一些著名论坛上有关易万狼性文化的讨论帖子非常热门，有很多前员工纷纷发表了自己的看法。

最近易万的狼性话题闹得沸沸扬扬，但是读各路评论文章总有隔靴搔痒之感。因为有些事情公司外面的人不了解，而公司内部员工又不敢说，所以还是让我这样的离职员工来写一些吧。都是两年多前的事情了，时逾境迁，胡说八道，仅供参考。

战略：

在 CEO 的那封信里谈到了移动战略，也谈到了危机，可惜没有文章提到过危机是怎么产生的。记得三年前，还是2009 年我作为一名底层的在做移动的工程师有幸能和 CTO 有过大致如下的对话：

"最近苹果的 iPhone 和安卓的手机势头很猛，不知道公司有没有在这方面的行动和方向？""我们在中国的移动领域是统治地位，而且中国依然会是诺基亚的市场，因为大量的山寨机，所以苹果和安卓现在还不是我们的重点。""哦，但是在国外诺基亚的市场好像逐渐被智能手机取代。""但是这里是中国，中国是特殊的国情。"

首先可见易万还是非常开放和透明的，一位普通的工程师能够和 CTO 这样对话，而且 CTO 的回答也绝不是打太极。但是无论如何，三年之后看来，他的预判无疑错得离谱，没有什么特殊的中国国情，易万在诺基亚和塞班系统上无疑押错了宝。而且从之后公司种种决策来看，的确是将塞班系统作为首要支持的。我不知道有多少的代码死在了硬盘上，但是从现在易万在手机 APP 和移动业务上的迟缓动作看来，可见一斑。

转向：

易万已然是一家航母，虽然 CEO 拼命地想强调自己依然是小快艇，因为小快艇在领导犯了战略方向错误之后能够很快转向。可惜，无论他是否承认，如今是要让一家成千上万人的大公司迅速掉头，就没那么容易了。

这条是赚钱的航道，也是让华尔街眉开眼笑的航道。老产品的成功，使得两年来，易万的股票从 60 多美元直上 140 多美元。而对于那些既不能立刻赚钱又需要探索的新产品，那就投三五人，几个月，花点零钱看看效果，不行砍掉，总之不能影响营收。从移动业务，到无线业务，新产品都是处于这样的境地。所以易万的新产品少有成功也就不无奇怪了。

而在易万意识到需要真正转向移动和无线产品之后，当时无线产品部的经理又离职投奔创新工厂，更是雪上加霜。

十点上班：

360 的出现，股价的小跌，其实是一件好事。顺风顺水惯了，有点小风浪其实对公司的成长更有帮助。可惜 CEO 不这么想，读他的那封信，有对现状的急躁，以及对未来的迷茫。

就好像突然闯入了躁动的青春期，有了烦恼，一切不再如以往那样心想事成。

于是他觉得一定是员工懒惰了。以前可以通宵达旦，一个产品三个月就能搞出来，而现在上班都要十点之后，这艘船转了一年都还没转过来。看来要好好管教一番了。

这里作为一个易万的前工程师不得不说，工程师的日子绝对不闲，而且能够做核心的工作，压力也是比较大的，绝对是事比人多。而十点之后上班真没什么错，很多人是早上十点到十一点到，然后早上扫信，下午开各种会响应各种临时请求，只有晚上六点开始也许才能写点代码，闲时写到晚上九点多，忙时写到晚上十一点、一两点都有，然后打个的回去。工作时间是长的，效率也是不高的，乱七八糟杂事太多。这样的日程表无非也是为了避开恐怖的上下班的高峰，和蹭一下公司报销的出租车费。假如这点自由都没有，要打卡，那恐怕要伤很多人的心。那位经理说一半人要离职恐怕并不是因为接受不了十点前上班，而是接受不了这种粗暴愚蠢且缺乏信任的做法。

所以真正需要的也许不是打卡机，而是更加透明高效的流程，对系统更多的自动化管理而非人工介入，通过优化工具来提高开发效率等等。不过好像似乎这些都没有采购几台打卡机那么容易实现哦，那还是上打卡机吧……

狼性和小资：

其实说了那么多，似乎都与狼性和小资没什么关系，无非就是要员工再多加些班，再努力工作些，对付竞争对手手段可以更毒辣些，对待同事的态度可以更严肃些，最后上班个人卫生可以继续邋遢些嘛。可是以前易万还是很讲文化的，有《易万宝典》啥的，强调平等开放啥的，但为啥这次祭出"狼性"那么有争议的词呢？

……

胡言乱语，谨以此文纪念我曾经两年多的忙碌开心既有压力又有价值的易万岁月吧。（来自水木清华 BBS①）

从这两份网络发言来看，底层员工对于所谓"危机"的来源的看法与管理层不同。管理层主要着眼于员工的懒惰与松懈，而员工则认为易万的工作节奏一直很紧凑，工作压力也很大，"危机"主要源于公司战略布局的失误，因此着眼点应该在公司的战略布局上，第二个网贴的评论者也提到"狼性更多的要体现在公司战略上。现在变成要求基层员工付出更多工作时间"。

员工更深一层的担忧是狼性文化与互联网文化、工程师文化相冲突，从而使后者组织内部失去优势，第一个网贴提到"宽松的氛围有利于创新，不知道狼性文化会不会与之抵触"。因此，员工强调"一半人要离职恐怕并不是因为接受不了十点前上班，而是接受不了这种粗暴愚蠢且缺乏信任的做法"。

因此，总结起来，员工对狼性文化运动的抵触情绪主要来自两点。第一点是对于发起狼性文化的理由不认同，认为并非由于员工的疏忽懒惰造成了公司在经营方面的被动局面，而主要是由于公司管理机制和决策层面的失误所导致的。整体上员工的工作一直是满负荷的，所拥有的自主空间也是以满足工作要求为前提的。第二点是担心狼性文化的落地执行最终并不会促进公司的发展突破，反而压缩了工程师文化下员工所享有的自主空间，从而威胁到公司发展的核心要素——创新，由此反过来可能成为阻碍发展的因素。

可见，相比其具体工作环境的变迁，劳动者更在意的是工作文化层面的变化。这从一个侧面表明了互联网企业中工作文化对于工作环境的意义。

---

① 限于篇幅，资料有删减。

二 狼性文化管理政策的执行结果

尽管面临着组织内外的舆论压力，在最高管理者的执意推动下，狼性文化运动在易万公司仍然得以继续执行。具体落实在管理执行的层面，主要是工作时间和绩效考核两个方面。那么具体的效果如何呢？在时隔三年之后，笔者在与易万公司员工的访谈中回顾此事，发现如果单纯从一线劳动者的劳动过程层面来看，狼性文化运动显然并没有取得预期的效果。

第一，在工作时间方面。狼性文化运动中提出了早上上班时间要在十点之前的要求，大部分部门会遵照执行，但执行的程度有所不同。访谈中所涉及的一个产品部门的安排是这样的。

> 具体的话可能就是什么早到呀。然后多加加班呀。然后他开会有效率呀，从2小时变成1小时开会。其实觉得我狼不狼也没啥关系，就假装狼。早到就是说你必须要九点半到，然后就是考勤。考勤就是领导让我和每个人九点半到十点之间要在即时通信软件上签到。每天早上和大家说大家早上好。所有的员工都要上软件上去说话。理论上我统计，领导当时跟大家说的时候会统计，但是其实我不统计。只是领导会看一下。比如说我们这么多员工今天签到了没，哪些人是经常早来的。
>
> （其他方面）就是（领导）下班比如看谁经常就跑了，6点就跑了。其实我觉得这个狼性对咱们部门而言没有实质的影响，因为我觉得我们部门还挺严的，日子还挺苦的。
>
> （如果你迟到的话，会签到吗？）我不签，我不好意思签。（因为我经常迟到）领导会请直属经理提醒我一下。（易万公司产品部门员工刘伟晖访谈，2015年4月）

而另一个技术团队的安排是这样的。

我们这边都没有做太严格的这种工作时间要求。基本上我们这边没有说针对这个提法来做什么。时间也没有。

就是当然狼性文化刚提出来有一段时间，（领导）说让我们大家必须要10点这样到嘛，但是主要还是传达了一下这个精神吧。因为大家都很辛苦嘛，所以都理解大家。你其实每天都能看到他们的状态，每个人忙不忙，项目多的效果怎么样，产出怎么样，都还是能看到的。所以说我们还是说拿结果说话吧，最终绩效考核的时候就拿你的结果来说。因为一直都已经很狼了，还再狼，再狼就受不了了（笑）。（易万公司技术部门经理章佟访谈，2015年4月）

由此可以看到，在狼性文化运动中对上班时间的规定实际上是实践中最明确也最好实行的一条，但即使是这样的一条规定，在执行时仍然会有意地"误读"或回避，其对劳动者工作时间存在一定程度的影响，但也非常有限。

第二，在绩效考核方面。狼性文化在绩效考核方面提出的两个调整包括强制淘汰和△指标。

强制淘汰也叫绩效强制分布，即规定每个团队在绩效考核时必须要有固定比例的被评为不合格的人。这部分不合格的人则会在下一年面临被辞退的境地。对于这一点，在易万公司主要有三方面的表现。

从员工的角度，应对绩效考核成为一件重要的事情，其应对方式并不是主动增加工作量，而是从已有工作入手"应付"绩效考核的要求。

是那时候会有一个问题，会根据story①去考量RD的这个

---

① 这里的story直译为用户故事，一个用户故事主要是一个用户在页面上某个功能的实现。

绩效。就是按 story，就是你有多少个 story，可是这个很 stupid 啊，然后 RD 就让我们 PM 去拆 story，可是我们是 PM，你们具体功能怎么分配不是应该由你们（RD）拆嘛，所以这就暴露了很多问题。RD 那边说我们 RD 经理说要用 story 来考量，然后 RD 就到我们做产品的时候，让我们给他们拆 story 的时候拆细一点。这样他的那个 KPI 就高一点。（易万产品部门员工刘伟晖访谈，2015 年 4 月）

从这个例子中可以发现，当管理层细化绩效考核策略以提高工作要求时，易万公司的劳动者会采取技术性手段"拆分 story"来应对，以做到既符合提升绩效的要求又不增加自己的工作负担。

而从中层管理者的角度，强制淘汰的管理策略实行得也并不顺利。一名访谈者表示：

狼性文化是 2012 年底提出来的，而马上 1 月份就面临着当年的年终绩效考核，可以说所有人都没有准备（面对强制淘汰），但公司不管你这事儿啊。这时候全团队都看着老大是怎么分配这个强制分布的名额的，后来结果出来的时候大家都长出了一口气，我们团队的强制分布名额，一个给了一个在 11 月就提出辞职的人，另一个则给了一个怀孕休产假的孕妇，而孕妇是不能被辞退的，所以最后也就那样了。这一年也就过去了。（易万公司销售团队经理郑卓愈访谈，2016 年 1 月）

另外一个产品部门的员工则因为绩效考核的事情而不得不选择换岗。

因为工作不像计件一样那么清楚，看得见摸得着嘛，所以你的考核你的绩效是有一些活动的空间的，而那个就掌握在领导的手里。我在就这个项目的时候，其实最开始就有人会去打我的小报告，然后领导也会管。因为我们之间不熟悉嘛，所以他跟那几个人会更熟悉。因为他们在一起已经合作两三年了，所以他会质疑我的能力，然后会觉得，就是反正是给我一些压力，然后也会在公开的一些场合会说。（易万产品部门员工信易访谈，2015 年 3 月）

最终在当年的绩效考核中，该领导给了她很差的考核结果，她抗争无果后只好自己转到其他团队去了。

从这三个案例可以看到，强制淘汰的措施在实施过程中也同样没有直接起到激发"狼性"的作用，要么被中层管理者以"柔性"方式应对过去，要么被其作为排挤团队中异己力量的手段。总之，强制淘汰策略在实践中已经"变形"，并没有起到所预期的提高效率的作用。

绩效考核中的另一个指标△，在实际的执行中由于一线员工很难有比较出彩的业绩符合其要求，因此不具有普遍意义。

至此，狼性文化运动以轰轰烈烈的学习和讨论开始，又以实践中虎头蛇尾的方式结束。从本质上看，狼性文化主要是作为一场运动和口号存在于易万公司的特定时空内，而非稳定的企业文化，也没有在本质上撼动已有的互联网工作环境。几年以后，当作者再次就此话题与易万的朋友们讨论时，他们已经兴致大减，认为不过是走个过场罢了。

对于企业组织内部的工作压力机制来说，狼性文化运动却不仅是走个过场这么简单，反而是分析和凸显组织内部工作压力作用特点的难得机遇。

三　狼性文化运动作为工作压力典型事件的意义

本研究将易万公司的狼性文化运动定义为一起典型的工作压力事件。尽管有关工作压力的概念尚未取得一致，但近年来对其中个体感受和工作环境双方面的互动的强调是一个基本的共识。

以 McGrath（1976）提出的概念为例。他认为工作压力是个人特征和压力环境之间相互作用的结果。而易万公司的狼性文化运动通过调整工作环境的某些维度从而提高了劳动者整体的工作压力，这其中最重要的调整包括意识形态和实践两个方面。

意识形态方面是指企业文化的转向，易万公司由原来的强调互联网文化的梦想、平等、自由转变为对狼性文化中协同、危机意识、战斗精神的推崇，而之前本研究也提到在互联网时代新型工作环境中核心要素即为文化，文化要素的改变虽是形而上的也同时预示着实践中的变化即将到来。

实践层面的变化则包括弹性工作制和绩效考核的调整，易万实行了十几年的弹性工作制自狼性文化运动之后变成强调"十点之前"必须到公司，且提倡加班以显示狼性，即使是加班时间不变而上班时间提前，也使得劳动者的工作时间较过往延长；绩效考核中的强制淘汰则会导致劳动者工作不稳定性的提升。这两方面都是提升劳动者工作压力的主要变量。

本研究将易万公司的狼性文化运动作为工作压力的典型事件来研究，因为在这样的一个突出的、显性的事件中，宏观的影响、组织的制度以及劳动者的特征等因素都将以比较突出的方式发生作用，利于剖析其工作压力的变迁与机制。

回到易万公司的具体事件中，我们看到狼性文化运动虽然是工作压力的典型事件，但同时蕴含着因各种反抗而形式上执行、实质上失败的案例，这其中既包括一线劳动者在言论和行为上的反抗，也包括中层管理者各种形式的权宜之计，正是他们实践中的策略使得易万公司的工作环境和工作压力保持了一定限度的稳定。

从中我们可以看到，在新型互联网工作环境中，互联网劳动者具有突出的自主性。在工作压力既往的研究中，交互理论反复提及个体与环境之间互动的重要性，而在互联网的劳动中，特别是从易万公司的狼性文化运动及其结果中，我们能够发现劳动者个体在其中作用的凸显，他们不是组织管理策略的被动遵从者和承受者，而是劳动场域中具有主体性和自主性的新型知识工人。此种自主性的源泉，一方面来自知识劳动者本身所具有的文化资本（梁萌，2015），使得劳动者具有实现其自主性的能力和意愿，另一方面新型互联网工作环境中所包含的平等、自由工作文化也为劳动者自主性在劳动场域中得到实践而提供了适宜的环境基础。

正因为如此，易万公司以组织的管理控制手段推动的狼性文化运动，虽然作为工作压力的典型事件势必会使劳动者面临工作压力的挑战，但经过劳动者在实践中的"柔性"执行与反抗，最终被缓解，使易万的工作压力机制和水平维持在了一个相对稳定的状态中。这也同时提醒我们，在互联网工作环境中，劳动者的特点特别是其所具有的自主性特征是工作压力作用机制中的重要因素之一。

从这个案例中，我们不禁要问，为何一个一贯提倡互联网文化的公司要突然改变方向？这个改变与原有的文化、制度等组织内部的联系和冲突是什么？劳动者何以拥有反抗的力量？对其影响又是什么？以及最重要的，从中所能体现出的新型工作环境中的工作压力机制是怎样的？

带着如上问题，本研究接下来的几章分别从组织层面、劳动者个体特征层面和宏观因素层面分别对易万公司的处境进行分析。

第四章　管理制度与劳动过程：易万公司的工作压力日常机制[*]

从本研究的文献回顾部分我们知道，工作压力的相关模型中实证研究的学者最关注的两个模型是努力—奖酬模型和工作要求—资源模型。实际上，从劳动场域的实践来看，努力—奖酬模型和工作要求—资源模型能够作为工作压力研究中两个核心模型并非偶然，而是与企业组织的实践息息相关的：二者涵盖了企业组织中的两项基本制度——管理制度和劳动过程。

从相关文献来看，努力—奖酬模型（Siegrist，1996）认为，工作压力源自劳动者在工作中的投入与其感知到或预见到会获得的工作奖励、酬劳等因素之间的不平衡。其中工作中涉及的奖酬包括：与工作相关的物质收入、职业地位、工作稳定性以及自尊和职业发展等各个方面。在易万这类公司，这实际上涉及的是劳动者的职业理想、职业发展和绩效评估、薪酬激励等方面的制度。

工作要求—资源模型（Karasek，1979）提出在工作环境中包括两个方面：工作要求和工作控制（资源）。工作要求主要是指派给劳动者个体承担的任务，工作控制则是指劳动者个体在工作中的自主性即对工作者掌控程度，例如对工作时间的控制以及相关的决策权和支持资源等。因此，此模型主要关注的是企业内部的工作任务下达与分配以及工作方法与制度等相关劳动过程所涉及的管理策略。

＊　本章曾经修改后于《社会学评论》2019 年第 3 期发表。

努力—奖酬模型下工作压力的产生源自劳动者的工作付出没有得到企业组织包括物质和精神两个层面的合理回报，当劳动者的努力得到恰当的回报时则有利于减轻劳动者心理冲突和激励劳动者；工作要求—资源模型下工作压力的产生来源于组织对员工的工作要求和给予员工自主性之间的不匹配，该模型明确提出高要求—高控制的工作类型是提高工作效率、舒缓工作压力的理想工作类型。因此，两个模型的共同潜在假设是在努力—奖酬匹配和高要求—高控制的模式下，将会产生"好压力"（good stress），既有利于企业激励员工，也有利于劳动者工作压力的降低。

此处的问题是，从劳动者的角度，两类工作压力模型中的理想类型下所产生出的好压力确实有利于对工作压力整体的舒缓吗？劳动者的主观感受如何？或者说工作压力的"好"到底谁是受益者，以及劳动者需要付出何种代价？

更何况，以上有关工作压力的两类典型模型的讨论，仅是针对一般传统工作类型。那么随着互联网技术引入工作中，以及互联网新型工作环境的形成，相关模型的作用机制是否会发生变化？针对本研究来说，互联网技术条件下的工作相较于传统工作，是否具有新的特点？

本章将从易万公司的工作压力日常机制入手，通过对企业组织内部的管理制度和劳动过程相应特点的梳理，力图将以上两类工作压力经典模型在互联网企业中的应用实践描绘清晰，并在此基础上进一步考察狼性文化运动与企业日常机制之间的融合与冲击，有助于我们对该运动结果的深入理解，以及为好压力问题的讨论提供基础。

第一节　易万公司的管理制度

作为一家现代商业公司，易万公司有关公司管理方面的政策与制度已经形成了一个较为完备的体系且烦冗庞杂，此处很难一一列出，因此本研究将主要呈现其核心政策与制度，特别是薪酬激励制度和劳动管理控制制度，以利于分析聚焦。

一 薪酬激励与个人发展

易万公司考核制度实行的是互联网产业内盛行的 KPI（Key Performance Indicator，即关键绩效指标）方法。根据公司整体的发展目标，拆解为每年度的发展目标，各部门负责的副总裁根据公司年度发展目标设计自己的 KPI，并将其拆分给下属中层经理，下属中层经理再根据本团队情况拆分给一线员工，最终形成一线劳动者的 KPI，也因此易万公司的每位劳动者（不论其职级如何）均会有一个确定的 KPI。

单就个体劳动者来看，总体绩效考核主要包含三个方面：关键绩效指标、文化价值观和领导力评价（中层管理者）。其中 KPI 所占的权重为 90%，因此是考核中的重点所在。

在考核的安排上，易万公司每年会安排两次考核，在年度中期和年底分别执行。其中年中考核主要是为了回顾工作的进展，年底的考核则主要与薪酬和晋升相关。

在具体的考核原则上，易万公司提出了明确的要求，即绩优倾斜、绩效差异和绩效提升。其中绩效提升是目的，绩优倾斜和绩效差异是方法。也就是说，在薪酬激励的发放上，要向那些绩效考评优秀的员工倾斜，使其获得更多的奖励，同时要拉开不同绩效等级之间的距离，使薪酬激励在不同等级之间的差异更明显，也即绩效差异。最终，通过这样的激励措施，促使员工为了争取更好的薪酬收入而努力提升自己的绩效考核结果。

易万公司对这三点原则的执行是较为彻底的，主要体现在考核方法上以及考核结果各层级的分布名额。一般情况下，易万公司绩效考核共分为五级：1 级为极其优秀，2 级为超出期望，3 级为满足期望，4 级为部分满足期望，5 级为不满意。

　　狼性文化运动之后的一个明显的调整是强调了各绩效等级之间的分布比例，特别是最高等级不得高于10%，最低等级不得低于2%，且较往年来看最高等级和最低等级的比例都有所提升，也即突出了绩效的差异性。

　　绩效考核后的主要目的是将其应用到激励制度当中去，易万公司的主要激励制度有三个方面：奖励、发展与淘汰。其中奖励包括奖金、薪酬提升、表彰，奖金主要是指年终奖，薪酬提升是指月薪的涨幅，表彰则是指公司每年会评选出易万之星、优秀员工等；发展则包括晋升、个人培训与学习和绩效改善计划，晋升是指职级的升迁，个人培训与学习是作为资源向员工提供的，以作为日后升职的预备资源，绩效改善计划则是直属经理与员工就后续发展目标而制订的相关提升计划，有利于员工清晰发展目标，掌握提升方法；淘汰则主要是指将绩效考核最差的员工列为当年明确淘汰的名单，或者会给予警告，如第二年仍没有进展则会直接进入离职程序。下面本文将就这方面最主要的两块内容——薪酬奖励和个人发展——进行更为具体的阐述。

1. 薪酬奖励

　　易万公司的薪酬奖励主要体现为薪酬提升、奖金和股权三种。其中股权的激励只有前几百位入职的老员工和后入职的中上层管理者才会得到，与普通员工的关系不大，但是为了平衡股权所造成的心理落差，一般没有股权的后进员工月薪会更高一些；薪酬提升虽然每年随绩效考核回顾，但在一定职级范围内差异并不大，因此此处重点分析薪酬奖励的关键：年终奖。

　　年终奖的计算过程主要有一个关键系数，这个系数乘以个人目标年终奖即为个体劳动者的年终奖数额。这个关键系数由两部分组成：个人年终奖系数和公司年终奖系数。其中个人系数的权重是70%，公司系数的权重是30%。个人年终奖系数是与个人绩效等级挂钩的，人力资源部门对绩效考核中1~5的等级赋予不同的系数从而形成个人年终奖系数，公司年终奖系数则主要根据公司当年整体业绩确定。整体来看，年终奖制度中的关键点在于个人年终奖系数上面，而公司也正是通过对个人年终奖系数的干预，从而不断调整激励政策的。

狼性文化运动之后，在个人年终奖系数调整方面的主要变化是最高等级绩效的系数由原来的 1.3 ~ 1.5 提升到了 1.5 ~ 1.8，而最低等级绩效的系数由原本的 0 调整为 0 且无个人年终奖，次低等级也即 4 级业绩的系数也略有降低。另一个变化是强调各绩效等级的分布不仅是各团队整体要符合比例，而且在团队内的每个职级内也必须符合比例，从而将强制淘汰的政策进一步落实到具体的执行一线团队层面，使淘汰的影响更加直接和强烈。这是继绩效考核差异化后体现在薪酬结果方面的差异化，同时也是绩优倾斜政策的表现之一。

2. 个人发展

作为一家以知识生产为主的企业，易万公司十分重视劳动者的个人发展。这也是其组织发展的基础和保障，因此公司推出了个人发展计划（Individual Development Plan，IDP）以推动劳动者对自身职业发展的目标与实现。一方面易万公司强调，个人发展是劳动者自己的事，需要劳动者积极主动地与主管沟通并努力采取行动实践；另一方面，个人发展计划的制订与评估也都是与绩效考核相关的，也就是说，按照绩效考核的逐级拆分方法，个人发展计划既关系到个人的工作目标完成情况，也是与公司整体发展目标的实现相关联的。

具体到员工层面，则主要表现在组织内部的职位晋升方面。易万公司围绕着产品的生产而设置的主要工种包括：FE（Web Fronted Research and Development）、SA（System Administrator）、RD（Research and Development）、QA（Quality Assurance）、PM（Project Management）、UE（User Experience）、UI（User Inter-face）、OP（Operator），公司在这些职位的基础上再总结梳理为

TPU 序列，即 T 代表技术类职位（RD、QA 等）、P 代表产品类职位（PM）、U 代表用户体验类职位（UE、UI 等），其他职位则统称为非 TPU 序列（销售、行政等）。

易万的级别架构分成四条线。

技术序列 T：T3～T11，技术岗，也就是工程师或程序员，一般来说 T5、T6 这个职级的就属于部门骨干了。

产品序列 P：P3～P11，产品和运营岗，产品类职位是负责项目的整体协调，运营则是负责项目上线后的持续推进与调整。

后勤部门 S：S3～S11，主要是指公共关系、行政部门、渠道销售等。

管理序列 M：M1～M5。

需要说明的是，以上前三个序列中的员工都有机会从该序列转管理序列，一旦从前三个序列转过来，则统一标示为管理序列，因此从通常意义上看，这一序列实际上是公司管理层级的主要架构。每一级又分为两个子级 M1A、M1B，最低的是 M1A。

不同序列对晋升的要求不同，以 P 序列为例，表 4-1 是其从 1 级到 8 级不同级别的要求，是晋升时的主要参考标准。

表 4-1　易万公司某产品序列晋升标准指南

级别	角色要求	专业技能	成效	通用技能
产品经理 1 级	在他人指导下，按照固定的流程、框架辅助执行，解决工作中常规问题	了解互联网行业，对互联网产品有一定认知对产品及用户体验有基本的意识，用常用方法分析、理解问题，并找出解决问题的方法	遵守流程和规范，能够保证工作交付的时间和质量	创新思考：关注行业新知识和新趋势，挑战传统工作模式 事业激情：对交付工作时间和质量负责 沟通影响力：清晰表达想法，对方能理解

续表

级别	角色要求	专业技能	成效	通用技能
产品经理2级	同上	熟悉本团队产品及竞品。能用常用方法分析、理解问题，并找出解决方法	同上	同上
产品经理3级	同上	根据对业务和产品的理解，能够主动发现问题和找到解决方案。对同类产品的升级、改版有自己的观点	落实工作计划，优质高效地完成工作任务	同上
产品经理4级	独立负责产品解决方案设计	主动提炼产品的商业价值，找到产品落地的有效策略；了解相关产品的功能、特征、特点	同上	创新思考：持续改进现有工作方式和质量
				事业激情：设定挑战性目标，不断改进工作质量和效率
				沟通影响力：多元手段说服和影响他人
产品经理5级	独立负责一个基础的产品解决方案或运营落地方案的设计，为专业人员的工作提供指导	主动提炼产品的商业价值，找到产品落地的高效策略；了解相关产品的功能、特征、特点	同上	同上
产品经理6级	独立负责一个重要的产品解决方案或运营落地方案的设计，为专业人员的工作提供指导	对产品模式有深刻的理解并可灵活运用；对同类产品的特征、特点有详细的研究；深刻理解相关产品的功能、特征、特点	创新规划并落实执行（例如创造了从无到有的产品解决方案）	创新思考：同上
				事业激情：同上
				沟通影响力：沟通和影响有的放矢，组织团队分享
产品经理7级	统筹多个重要产品解决方案和运营落地方案，为专业人员的工作提供指导	对产品模式有深刻的理解并可灵活运用；对同类产品的特征、特点有详细的研究；深刻理解行业产品发展趋势	创新规划并落实执行（例如所负责的产品在行业内取得显著的领先地位）	同上

级别	角色要求	专业技能	成效	通用技能
产品经理8级	基于对产品市场的深刻认知，有效与其他子方向打通关联；负责某个大型的产品/产品领域；开创新的产品/产品领域的工作方法和产品机制；为专业人员的工作提供指导	能够主动发现产品的问题，能够找到多个解决方案并有效决策；对相关产品模式有创造性的观点；具备产品群架构能力；能够确定重大产品未来的发展方向，发现重大商业机会	创新规划并落实执行（例如，为易万的产品进步做出重大贡献）	创新思考：形成新概念，创造新产品 事业激情：将个人追求融入工作，为理想工作 沟通影响力：设计复杂策略，借助他人力量影响，组织团队分享

注：表格内容是根据田野笔记中的会议讨论记录整理，略有删减，同时参考了网上公开的相关资料

资料来源：百度文库。

通过表4-1我们可以看到，表格中明确说明了不同级别所负责的工作内容（即表中的角色要求），以及期望达到的工作成效，同时强调了过程中需要的两种技能，专业技能主要关注到跟产品专业相关的知识与思考，通用技能则指涉的是劳动者个人的素质的发展。而从级别之间的差异来看，1~3级的差异较小，4~8级的要求则有明显的逐级递增，级别之间的差异化比较明显。

易万公司的实际晋升情况也与表4-1呼应，新进员工大多会被定为3级，3~5级的晋升比较容易，大多数产品经理在此级别，而6级及以上的产品经理非常少见，产品8级从未有过。

在晋升的过程中易万公司还为每个序列的劳动者设计了两条晋升通道：一个是专业通道，标准可参考表4-1的产品经理1~8级；一个是管理通道，员工选择此通道则意味着由专业技术岗位转到管理岗位，易万公司将以管理的标准对其进行考核。这两种通道的差异更多体现在易万技术序列的工作上。

对于技术职位的考核如下。

提升可以从其他的角度。比如说项目质量的保证上面，那比如说我们去年线上问题有多少，今年我们要提高这个质量，然后把线上问题降低到多少。比如说去年有 10 个，今年降低到 5 个，或者说你去年漏测多少，今年减到多少，就是我们通过这样一些指标来评估和考核最终的结果吧。或者说还有一些技术的典型，我们有一些技术方向要达到一些什么样的水平，因为我们内部也会有一些技术方向的考核，要评级，就是你这个方向要评到多少级，会有这样的一个指标。

项目我们会分两大块吧，一个部分就是项目的成果，另外还有一部分就是我们的技术成果。就是我们自身的，因为自身的也测过，我们主要是偏重在测试技术的方面嘛，这是领域的技术。

我们也会每年有专利的这种要求，比如说今年我们组里要提至少 5 个专利吧，也有这种 KPI，专利也要量化，这个比较难。所以你要想一些技术的点子嘛，而且要能够做出效果来。项目这块我们就是会以几个关键的指标吧。比如说有没有出线上事故，如果你的职责主要是保证质量，如果出一个事故扣多少 KPI。

还有事故要分级别，通报，通报批评是严重事故。另外一方面就是我们的测试最终覆盖度，这也是一个指标，就是说，如果你没有测到，就把它定义成是漏测。漏测的比例不能超过多少，不能超过 1%，这也算是我们的一个业务指标。另外还有就是我们要定期地去产出业务质量报告，在日常工作当中，比如说每个月、每个季度都要有这种报告。（易万公司技术部门经理章佟访谈，2015 年 4 月）

因此，对技术岗位的考核主要在项目成果和技术成果两个方面。而技术成果更被细分和量化，包括专利的数量和提升率、事故的数量和降低幅度、漏测的比例指标等。

对于技术通道和管理通道的选择，该团队的做法是：

> 每年都会考虑量，会聊。每次考核的时候都会跟他们聊这些，然后后来的一些发展的，他自己的一些想法。（从团队的角度）一方面主要是看你团队缺不缺管理的人，缺的话，你就要有意识地去培养嘛。我们组有两个项目经理，提升两个项目经理；另一方面他有没有这种能力，然后他想往哪个方向发展，联合考虑的。
>
> （管理能力主要）靠领导的观察了，或者说平常你交给他的项目，他整体完成的情况。要想走管理，还是综合能力要求多一点，比如说你的协调推动呀，跟周边的合作、沟通呀，要求得更多一些。
>
> （通道选择）跟年龄段有关系的，你比如说跟刚工作两年之内的这些人谈，他肯定还是说先做技术方向，然后说三年，或者三年以上的，就是工作时间比较久的，你跟他沟通的时候就需要了解他朝哪个方向发展，比如说是技术方向，还是想转管理。如果想技术方向，还需要更明确的有一个方向的指引，到底想技术做什么方向，技术方向其实有很多可以划出来的。反正每年沟通的时候都会聊这些。（易万公司技术部门经理章佟访谈，2015年4月）

可见，对于技术通道和管理通道的选择一方面要看团队的需求，另一方面要尊重员工的自主性。但与P序列一样，仍然是越高职级越难晋升。因此，从整体来看易万公司的晋升和职位要求都是比较明确和严格的，层级间的差异和对目标的量化都呈现出透明化和清晰化的趋势，具有典型的科层制组织目标的特征。可以说，这一套制度的设计是基本依照现在公司管理制度的标准建立起来的，具有明确的可执行、透明化、具体化的特点，是公司晋升工作方面公开的参照标准，但并非意味着是唯一的标准。

二 科层体系内部的差序格局

以上所呈现的薪酬、晋升主要关系到易万公司的管理制度，然而在科层组织理性的管理制度之外，也存在着潜在的私人关系运作空间，管理者通过建构和区分"我的人"和"外人"从而建立了另外一套激励、晋升的行为模式。

> 因为 C 总监那时候走的时候可能给了部分员工高额年终奖，应该就成全了好多人，成全了一大批之后自己撤了，领了这么多的人情。
>
> 这个 A 组长刚刚转管理通道，他可能对于整个管理没有很深入的理解，就是他下面的人心是很散的。A 组长本人拿了 15 个月的年终奖，他们组员却拿了个 4 级（绩效评级），其实 B 经理对这个事情很不爽。
>
> A 组长为什么得这个，有可能是 C 总监给他一个恩情，或者是 C 总监让 B 经理觉得只能给 A，B 经理都没 A 领的这么多。然后 B 其实一直不把 A 作为自己的人，因为不喜欢。就是人之间可能有气场。A 就不属于 B 经理喜欢的那一类人。（易万公司产品部门员工刘伟晖访谈，2015 年 4 月）

在这个案例中刘伟晖讲述的是他所在的团队年终奖分配方案的故事，C 总监将 A 组长视为"我的人"，因此在调走前把最高额的薪酬待遇给了他，同样是 C 总监部下的 B 经理，虽然职位比 A 组长高却因为与 C 总监关系是不属于"我的人"的范畴而没有得到这个待遇，A 组长本人的小组成员也因为同样的原因没能拿到年终奖。甚至刘伟晖本人也因为同样的原因，被 A 分配了一个势必会搁浅的项目，造成 KPI 极低，从而影响了 TPU 序列内的职级晋升。

另一个案例也是与此相关的，最后该名员工不得不转岗。

可能还有一些是因为领导，就是跟你关系不好。比如说我，我之前就因为领导，就给了我一次4。是因为我们那个项目，我对这个送的方案呢提出了很多意见。因为这个事情惹到了一些人。

最开始给我4那个人（下称M），他原来不是我的领导，刚进来的时候跟我是平级的，但他升职了，后来我们中间又加了一个管理层级。所以我现在的直接领导给了我3，但他特意把我改成了4。我的直接领导说其实觉得我还不错给了3，但是那个M，他觉得我不行，就这样，所以改成了4，然后我的直接领导还承诺说坚持在这个团队里做，说下一年补偿改到2或者1。

然后上一层是我去找的他，问他为什么要给我改4。他说你做的这些事情没有达到那个级别应该有的水平，你做的那些事情太琐碎了。但是项目就我一个人，然后我提方案不做，具体操作的方案谁做呢？所以我后来就转走了。（易万产品部门员工信易访谈，2015年3月）

从易万公司的科层制结构和绩效分配与考核的利益关系等方面来看，其组织内部的实体团队可以看作一个利益共同体，为了实现共同的目标而合作；但是当我们进入每个具体的实体团队中去，仔细考察团队内部的利益分配问题，便会发现还有另一套潜在的行为模式，而这种模式也是我们所熟悉的以人际关系的远近亲疏作为行事标准的本土传统。科层制的理性行为模式和源自本土传统"差序格局"式的行为模式一起，在团队的各项活动中交互作用，最终形成了易万公司既具有现代企业制度的显性制度也具有本土文化特征的隐性规则的考核与晋升模式。

三　小结

从薪酬和个人发展的整体来看，易万公司目前的企业政策具有如下特征。

第一，将个人发展与公司发展相结合。这一方面表现在公司十分重视员工的个人发展，帮助其规划职业发展目标，并提供不同发展路径和相应的培训；另一方面在个人绩效考核方面也在计算系数时将公司整体发展系数嵌入了个人薪酬指标当中，从而使劳动者在工资、奖金等方面直接地感受到了公司发展与个人之间的密切关系。

第二，量化考核标准。在 KPI 的设计与考核中将每条关键绩效都尽量细化为可测量的数量指标，这样既可以将个体劳动者的绩效提升进行不同时间段的对比，也方便劳动者之间的比较与评估。

第三，差异扩大化。在狼性文化运动中，易万公司主要在两个方面强调这一点：一个是调整了不同绩效等级的分布，限制了最高等级的人数上限和最低等级的人数下限，并且提高了处于两极的人数比例，统计比例的单位则从之前的大部门降到了小的一线执行团队；另一个是调整了个人年终奖系数，以使不同绩效等级之间的年终奖数额差异更大，特别是超额完成任务将会得到更多的奖励，而未完成任务则较之前获得更少。此两方面结合起来使竞争更加落地，迅速从大团队降到了小的执行团队内部，当每个小的一线执行团队中都必须要有人面临强制淘汰时，劳动者的安全感较之前大大下降了，而团队内部绩效等级的强烈对比又会使其感到沉重的竞争氛围，进一步破坏安全感和加重危机感，从而导致工作压力的加剧。

第四，劳动者的薪酬与发展不仅源自科层组织中的理性的行为模式，也受到本土差序格局传统的影响。

最后一点对于狼性文化运动结果的影响尤其重要。因为狼性文化运动的推行是自上而下的，且嵌入了企业组织日常管理机制当中，因此可以说这个运动并没有止步于空喊口号，而是最终得以落地到一线管理控制策略中，对员工的影响是具体而细致的。从这一角度来看，狼性文化运动推行的结果应该是比较乐观的，然而管理者在这过程中过分强调了对正式管理制度的调整①，而忽略了对潜在组织文化的掌控和干预，因此后者一如既往地有效运行着，特别是当狼性文化运动在制度上体现了对原企业文化的颠覆或否定时，在员工中所引发的情绪借由后者发挥作用，使某些冲击得以化解，使那些在运动中遭到利益损失或发展风险的员工由此得到一定程度的庇护，从而在某种程度上甚至充当了"反抗"狼性文化运动实施的角色。

第二节 不断加速的劳动过程：敏捷方法与封闭开发

马克思在《资本论》（第1卷）中对工作日的阐述，使研究者开始关注劳动过程中的时间界限问题（马克思，2004：268）。在《资本论》的讨论中，我们可以看到自由资本主义时期，工场手工业中资本家与工人之间就工作日的界限问题展开过激烈的斗争。虽然工作日的长度本身受一个自然日（24小时）和劳动力自身再生产（劳动者恢复体力所必需的活动时间）两方面的限制，以上两点决定了工作日必须是一个有极限的值，但是这个极限如何决定，是存在相当大的弹性的，正是这个弹性引发了资方和工人之间持久的争论和斗争，资方希望将工作日调整为极限最大值，以满足其对剩余价值的渴求，劳动者则希望将工作日控制在正常值附近，以利于其体力的恢复与生活。双方经过了长期的抗争过程才最终使劳动时间趋于一个正常值。当然，从目前的情况看，在

---

① 当然这种调整与原企业文化也是存在一定的冲突的，因此在一定程度上会遭遇抵抗，但并没有妨碍在制度文本方面的狼性变革。

不同的地区和行业，情况也是纷繁复杂的。

从知识劳动的角度来看，这个问题似乎得到了解决，大部分像易万公司一样以知识生产为核心的企业实行弹性工作制，也就是说，一个具体工作日的长度由劳动者自己决定，这似乎预示着劳动者在劳动过程中得到了某种程度的自主权，但是为何在此种情况下知识劳动者仍然感到了来自工作的巨大压力，以及资本如何才能解决剩余价值的问题呢？从易万公司的角度来看，与两个方面相关。一个是弹性的工作时间并不等于缩短工作日，从前面几章的资料来看，加班的情况反而有增无减，另外，我们从劳动者单位时间内的工作效率来看，其单位时间内的劳动速度从整体上呈现出不断加速的趋势。而这种加速与劳动过程中技术的特性和工作方法是息息相关的。本节将就此方面展开讨论。

一 敏捷开发

如果说虚拟团队是易万公司的工作方法，那么敏捷开发是虚拟团队工作方法从技术层面的加速版。因为虚拟团队主要是指"来自不同实体团队的不同工种的劳动者，以无行政等级差别的方式，按照技术分工共同推动项目的进展，相对实体团队中的科层制等级体系而言，实行的主要是平等的合作关系"（梁萌，2016），因此被称为虚拟团队。可见虚拟团队主要考虑的是对实体团队边界的克服。敏捷开发是建立在虚拟团队合作方式的基础之上，在虚拟团队合作过程中采用敏捷开发的方法使一个产品快速完成、快速上线以及快速迭代。因此敏捷开发方法的核心就在于：快！

此种方法在国内互联网产业的流行是伴随着移动互联网趋势兴起的。在传统的 PC 端时代，主要的开发方法是先构建出一个网站或功能的整体结构，然后逐一细化各个细节，修改调整完备后再上线供用户使用，而敏捷开发的方法则是直接将一个功能的初级结构上线，之后在用户的使用过程中根据实际反馈以快速迭代的方式逐步调整、丰富各个细节。

在敏捷开发方法实行的过程中，需要合作的各方一方面要以每周一次的频率召开"计划会"，总结上一周的完成情况和规划下一周的工作点，另一方面要以每天一次的方式召开"站会"，在早上固定的时间（易万公司一般在 10 ~ 11 点）项目组所有成员召开无座椅的站立式会议——站会。站会上主要回顾前一天的工作进展和当日的工作目标，其中就未能实现的目标进行集中讨论，现场解决问题。在讨论当中，最主要的事件分类是三段式的：done、doing 和 to do，这是整个敏捷开发过程中的思考逻辑，也是工作计划的主要框架。

1. 透明的开发过程：监管与自律

在敏捷开发的过程中，虚拟团队成员将整体项目拆分成单个的 story，之后以每天、每周的完成 story 数量的形式控制各方的工作进度。

> 敏捷所带来的好处是因为每天的进度是可见的。十个 story，RD 自己仅挑其中的一个 story 说这个我明天开发，其他剩下的九个 story 能不能开发完毕我不保证，这一周我计划要做这些事情，我要根据我的速度来。我只有其中一个 story 完成了，经过验收了，就是 PM 和 QA 都验收了，RD 才去开始做下一个 story。这是敏捷的一个大概的过程。
>
> 然后每天站会干什么，就是站会是每天一次。我们都是站着开会的，15 分钟。效率高。就围着一个圆桌，站着开，每天固定的时间，说昨天做了什么，今天计划做什么，以及遇到的问题是什么。这样对于项目是沟通，但是对于个人来说，就是说他不觉得整个过程是黑盒子，这个过程是可见的，我们敏捷是有一个小黑板的，这个是挂在我们开发区域内的。就是我们的 RD 在哪儿小黑板就在哪儿，然后我们大家都对整个过程指着板子说，看这个 story 处于什么状态，OK，这个开发完毕的处于验收状态，另一个 story 处于验收状态完毕了，

进入测试状态。就整个都是可见的。而敏捷之后你会发现这种进度的监控就是很容易的一件事情了。（易万公司产品部门经理冯禾访谈，2012 年 8 月）

在传统开发模式下，软件产品开发工作的状态如下。

我先说对于 RD 的个人吧，个人都是有惰性的，在以前的情况下是当一个软件的设计文档交给他（技术人员）的时候，专诉他一个月内开发完毕，他就去把要开发的内容通过两三天分析出来，然后按照自己的计划一步一步地走，到月底开发完毕。前提条件是这个人的自制力非常强，但是不是所有人都这样的。

他肯定会在最后几天把这个工作加班加点完成，而在前一阵他在始终焦虑的状态。而且他给出的东西其实并不保证都是可用的，反过来测试还会找他，让他不断地修改，不断地调整，在整个项目期间。（易万公司产品部门经理冯禾访谈，2012 年 8 月）

可见与传统开发模式相比，敏捷开发过程中各方对工作进程进展更加明确，对各方特别是技术开发过程的监控也更加容易。传统开发模式下对产品部门经理来说存在的技术开发"黑箱"，在敏捷开发模式下被打开了。这样一方面对技术人员来说，其劳动过程除了之前科层制的层级管理之外，也必须接受来自虚拟团队合作者的横向的监督；另一方面对于其合作者来说，当项目的开发进程透明时，存在同样的情况。

2. 敏捷的工作节奏

在敏捷的过程中，除了过程透明外，其工作节奏也是变化的重要方面。

　　我感觉，好比说以前我出了一个需求文档，交给 RD，我可以不管了，我轻轻松松待一个月，等 RD 交给我东西，压力特别小。但是现在不一样了，就是一方面我要跟 RD 和 QA 一起来看这个迭代中，也就是这周要开发内容的一些细节，来确定，然后大家每天要就问题进行讨论。

　　另外一方面 PM 还要准备下一周 RD 做什么，因为迭代是往前滚的，如果耽误了一天可能下一个迭代就会耽误事情，你要设计不清楚下一个迭代就耽误了。所以说你请一天病假可能这件事情就转不好，因为只有你负责。每个人都是在快跑，小步快跑，所以压力会更大一些。敏捷又要开站会，就是每一天的事情都安排好了，还是挺累的。那一段时间从 PM 角度看的话，好累呀！真的好累呀！（易万公司产品部门经理冯禾访谈，2012 年 8 月）

　　透明和被监控的劳动过程同时增加了虚拟团队工作者的工作压力，包括工作量和工作节奏两个方面。敏捷开发的过程中 PM 较传统开发模式下需要更多地与技术人员沟通，更多地参与到开发过程当中。

　　同时，在过程等细节之外，整个敏捷开发的思路就是冯禾所提到的"小步快跑"，也就是产品快速上线后，再根据用户反馈快速迭代。在传统开发模式下迭代的频率是以月或季度来计算的，在敏捷模式下，迭代则是以天和周来计算，这使得敏捷开发过程中虚拟团队中的每个成员都需要按照一定的速度紧密合作，相对缺乏缓冲和调整时间，因此必然加大了工作压力。

3. 移动互联网趋势中敏捷方法的泛化趋势

　　互联网产业近年来一个明显的趋势是从传统 PC 端向移动端转向，也就是移动互联网时代的来临。所有互联网公司都在努力把握住此次转型的契机，力争在新领域中取得一席之地。易万公司也是如此。然而 PC 端向移动端的转型对于互联网公司来说并不仅仅意味着电子设备的转换，同时更关系到了技术导向、公司运营策略等深层次问题。

以易万公司为例。其在前一个发展阶段是该领域的佼佼者和垄断者，其产品主要考虑的是商业客户（广告客户）的需求，而当其向移动互联网领域转型时，公司产品必须以用户（上网人群）产品为核心，且竞争者众多。这也是其他移动互联网领域公司的普遍情况，即以用户产品为主且竞品众多。在此种情况下对产品的发展速度要求普遍提高，因此出现了敏捷开发泛化的趋势，突出表现在对产品迭代的频率要求普遍提高。

> 之前商业产品的周期一般是三个月，但现在用户产品可能一个月会迭代好几个版本，它还有竞品在。所以说这就是加班的原因。而且用户产品，我们现在是努力增加用户与商家的黏性，这样商家才会与咱们易万合作，否则我商家为什么要跟你易万合作啊，所以我感觉也是因为有竞品在，所以咱们压力挺大的。所以人员流动也挺大的，因为节奏快，加班太严重了。（易万产品部门员工江茹茹访谈，2016年1月）

敏捷开发泛化将导致向移动端转移的互联网企业整体工作节奏变快，对劳动的监管需求提升，对劳动者之间的协作配合要求也有所增加，使劳动者面临较之以往更大的工作压力及挑战。

二 封闭式开发——小黑屋行动

雪上加霜的是，在这样的转型时期，出现了另外一种形式的敏捷：封闭式开发——小黑屋行动。

> 近一两年这种方式越来越多了，我们都叫小黑屋，小黑屋行动。重点项目才会这样做。这种项目大部分是按照时间倒排。就封闭在一个地方，搞联合开发，最主要想解决跨团

队的沟通问题。因为现在大家都被关在一个屋子里了，就是沟通上的成本应该会好很多。反正因为被封闭嘛，大家也有一些独立经费，然后每天会买这些吃的呀什么，或者会搞一些小活动在里面。团队合作来说这种形式肯定是比较高效一些吧。我们用敏捷开发的那种流程和方式，每天早上开站会，对一下前一天和当天的进展。

　　每天不去办公位，而是都到一个地方去上班，大家都在一起的。今年有一个景区的项目，前后加起来两个多月的时间吧，一直都处在很紧张的状态下。反正有通宵的时候，通宵有几次我就受不了了，所以我觉得去年也是搞得我特别累，受不了了。所以说去年一年都特别紧张，因为好多的时间点是连在一起的。

　　我每天都需要写日报，比如说那个我们去年五一的时候，基本上是每天（凌晨）一两点钟来发这个报告。因为各方的信息需要有一个总的负责人，把各块的这个进展然后汇总起来，要不没法同步，大领导也要知道你这个项目进展怎么样了。

　　反正时间长的话肯定是很疲惫的，然后有的时候会看到不是很精神。颈椎的问题可能比较严重一点，睡眠可能因为都是小年轻可能还好点，像我这种就不行了。我现在睡眠就不好，睡眠也是个大问题。然后反正小年轻的他们熬个一段时间，或者一两个通宵有的还能行。但是像这种封闭式里面，确实有时候每天都会忙到，怎么也得 11 点吧，就是长期的一个状态，就是可能一两个月的状态。（易万公司技术部门经理章佟访谈，2015 年 4 月）

　　封闭式开发是敏捷开发最极端的形式，一般公司的重点项目才会采用。同时这种开发模式的项目时间周期安排并非以常规的项目进程时间作为参照，项目完成时间点是自上而下敲定的，具有绝对性、非协商性，因此项目时间的安排是以完成时间点为基准而倒退各个子时间节点，项目工作的紧迫性和压迫性都是不言而喻的了。同时，在合作形式上，将所有项目相关人员在一段时间内集中在一个相对封闭的办公区域内，打破了常规的办公格局，一方面解决了沟通的问题，更重要的是建构出产品上线的紧急时间点并以此为目标安排之前的所有工作。在这种安排下，劳动者的工作节奏和工作时间都处于高强度的状态，其工作压力也会骤然上升。

敏捷开发模式对工作节奏和工作时间方面的影响是比较明显的。但除此之外，其对劳动过程中的沟通方式也提出了更高的要求，要求虚拟团队中的劳动者之间更加频繁地沟通，更加理解和熟悉对方的工作进程，以及需要投入更多精力到建构团队成员之间"关系"的情感劳动当中，因此成为劳动者横向压力源之一。

由此，我们可以看到，在敏捷开发成为通用产品开发方法的当时，即便是没有狼性文化运动，易万公司的日常工作要求亦在日益提升，劳动者的体力、情感都面临着更强的压力挑战。狼性文化运动一边将企业问题的根源归结于员工的松散懈怠，使员工秉持的工程师文化受到冲击，同时被要求完成强度更高的工作任务，一边着意收紧之前赋予员工的在工作过程中的控制资源。员工受到双方面的挑战，其反感情绪和反抗行为自然是意料之中的了。

第三节　易万公司的工作压力机制

一　易万组织层面的工作压力机制

通过本章前两节的讨论可以看到，易万公司的管理制度是相关压力管理模型的典型奉行者。

首先，易万公司作为互联网行业的精英组织，在创业之初即以高薪酬为核心竞争力招揽人才，其基本的薪酬制度也体现着高付出高回报的基本原则。在此基础之上企业的狼性文化运动更将薪酬制度进一步量化、差异化和操作化到小团队的层面上，以求更加凸显相关的管理理念促进知识劳动的创新与发展。

其次，通过严谨精密的绩效考核制度，对劳动者的工作提出了具体而严格的要求，同时，通过相应的虚拟团队工作方面打破实体团队科层主义的樊篱，以及促进相关工程师文化在组织内部的践行，有利于劳动者对劳动过程的控制和把握，为劳动者之间的项目合作提供了相应的支持和资源。

以上两点集中体现了努力—奖酬模型以及工作要求—资源模型在易万管理制度方面的影响。

在劳动领域的实践中，仅依靠制度并不足以保障一个完善的压力运作体系的形成，联系本章第二节和第三章的讨论内容我们可以看到，易万公司在意识形态方面和劳动过程的实践层面存在着与管理制度相呼应的特点。

在企业文化方面，通过"梦想"将劳动者个人职业发展与组织发展和行业发展关联起来，从而有利于劳动者对绩效考核、薪酬体系等制度的认同与践行；对"平等""自由"等方面的强调则为劳动者对劳动过程的控制提供了必要的支持。因此，正如我们在介绍新型工作环境特点时所提到的：企业文化是新型工作环境中的核心要素。它为其他层面的顺利运行提供了必要的意识形态基础。反观狼性文化运动，其也正是从这一核心和基础的层面出发而展开的。因此我们有充分的理由将其列为易万公司工作压力形成的重要因素。

在技术发展方面，敏捷开发和封闭式开发方面的广泛使用，不仅有利于企业产品的转型，更加将移动互联网时代对工作节奏、工作时间的要求引入易万公司内部，使产品更新换代速度显著提升，使敏捷成为劳动过程中的常态。这种高工作要求最终也使劳动者的高工作压力成为日常工作生活的一部分。与传统开发模式下单纯的虚拟团队合作模式相比，采用敏捷开发的虚拟团队合作对各成员的投入要求更高，对成员之间的沟通频率与效果提出了更高的要求，从而成为劳动者横向压力源的一个非常重要的来源。

综上，本研究认为易万内部工作压力的日常形成机制主要包含三个关键变量：企业文化、管理制度和技术发展。其中企业文化是工作压力形成的意识形态基础，管理制度是组织运营方面的管理控制手段，负责将企业文化从口号落实到企业的日常运营当中，技术发展则是将工作压力最终嵌入劳动过程之中的推进器，随着技术开发模式的发展，劳动过程中的工作速度和工作要求都不断攀升。这三个机制互相呼应、互相支撑，形成了易万公司工作压力的完善机制。

二 对努力—奖酬模型与工作要求—资源模型的讨论

本章中对易万公司日常管理制度的梳理可以看出，公司的日常运营和管理制度正是围绕努力—奖酬模型和工作要求—资源模型所制定的。

1. 努力—奖酬模型

在易万公司的绩效管理、薪酬制度中都集中体现了其对努力—奖酬模型的遵循，特别是其背后有关工作压力和员工激励的潜在理念：当劳动者努力与组织的回报相匹配时，会激发其工作积极性和减缓其工作压力。在一般情况下，相关研究证明这一点是有一定效果的，但是其效果的产生需要各方面的支撑，在易万公司的案例中，当组织希望将此种政策实施得更加差异化和更加落地时，此模型的作用反而被部分地削弱了。

在常规薪酬制度的基础上，易万从狼性文化运动开始提倡绩优倾斜、绩效差异和绩效提升。具体做法是扩大绩效两极分布的比例，并使其奖惩对比更具差异化，同时将此种比例的计算范畴从原来的大实体部门进一步操作化到小项目执行团队。前者使原本处于高薪行业的劳动者因为薪酬落差的加大，从而导致其参照群体的改变而产生对薪酬水平的不满，后者也就是计算范畴的变化，特别是对于强制淘汰政策来说，更加容易引起小团队内部的恐慌，降低劳动者的工作稳定性。

也就是说，从努力—奖酬模型的本质上看，对于个体劳动者来说，努力与奖酬之间是否匹配主要是一种主观感受，个体判断的标准既包括外部宏观的背景因素也会包括组织内部因素，当组织内部因素发生重大变化时，势必会影响个体劳动者的主观感受，从而进一步影响其工作压力水平。因此，我们可以说该模型及其潜在理念只在一般情况下起作用，当我们在具体企业组织中将其操作化、差异化和细化的时候，支撑这个模型的诸多条件将发生改变，因而其所产生的影响也将大为不同，参照易万的案例有时甚至是相反的效果。这也与我们在本研究的数据分析部分所得到的结论相呼应。

2. 工作要求—资源模型

易万公司对工作要求—资源模型的实践主要体现在企业文化和劳动过程中，一方面通过企业文化对劳动者的工作成果、个人发展提出了较高的期望，另一方面在具体的劳动过程中将这种意识形态的期待操作化为量化的、具有较高绩效提升目标的评估指标。当然，在此两方面的基础上，作为新型工作环境的践行者，易万公司的企业文化也同时提倡"平等""自由"等文化，以及实行消解科层制组织内部部门边界与等级关系的"虚拟团队"工作方法。从这一角度来看，易万公司力图通过以上策略建构出工作要求—资源模型中的理想型工作——高要求—高控制类型的工作。

但是，在狼性文化运动中，这个理想型的建构被打破了，一方面是通过绩效要求和敏捷等方法，高要求的标准进一步提高，另一方面却对员工的工作时间等工作过程中的自由度有所辖制，使得易万组织内原本高要求—高控制的理想型工作开始向高要求—低控制的高压力型工作转变，再加上员工所感受到的对原有企业文化、技术文化的否定和挑战，整体境况就变得更加窘迫而使人难以接受了。

3. 边界理论中的渗透性

在本研究文献回顾部分对工作要求—资源模型的讨论中，有一个观点较受关注，即边界理论。边界理论认为个体劳动者通过维持各个领域的相对界限从而获得平衡状态。但是当某些资源的存在提高了各领域间的渗透性，界限因此模糊，导致干扰和冲突，从而提高了个体的压力感受（Clark，2002；Schieman et al.，2006）。也即在此模型中资源变量的两面性，其具有支持个体劳动者缓冲工作压力的灵活性，同时存在提高领域间渗透性，从而导致冲突的风险性。

这一点在众多实证研究中已经所有体现，在易万公司也存在这样的情况。从本章的讨论中我们能够看到弹性工作制并没有导致个体劳动者工作时间的锐减，反而使加班成了工作的常态，让我们直观地看到了控制变量对提高边界渗透性的重要作用。当然，渗透性提高的机制并不总是如此，在第五章有关生命历程和性别讨论中，本研究将涉及一些可抵抗渗透性的案例并将探讨其中的作用机制和启示。但总体看来，目前对边界理论的讨论主要集中在"个体"这个维度。

本章在对劳动过程的讨论中对敏捷开发和封闭开发的分析显示，由于此两种技术开发方法所呈现出的劳动过程透明性、可参与性和可监管性，使虚拟团队中各方对过程的控制有所提升，但同时提高了个体之间边界的渗透性，这一方面体现在需要参与各方紧密的合作与沟通，深度介入原本属于"黑箱"的专业工作中去，另一方面对合作各方的工作节奏、工作时间的一致性提出了更高的要求。简而言之，大大提高了个体劳动者之间的互动与融合程度要求，一个个体或一个环节的疏漏将影响全员全局的发展，从而成为个体劳动者工作压力的又一影响要素。

以敏捷开发中章佟的案例为例。在传统的开发模式下，工作报告基本以周报的形式出现，而在敏捷模式下为了各方能够沟通顺畅，工作报告是每天必发的且其必要性也有所提高，成为项目管理工作中具有里程碑意义的重要方面，这种撰写频率的提高和重要程度的提升都将影响个体劳动者的压力感受。在另一位产品经理冯禾那里，因担心会影响产品开发的速度，他在"请假"方面需要非常慎重地考虑，而在传统开发模式下这段时间则是产品经理相对"空闲"的阶段。

因此，在工作要求—资源模型下，边界理论所提出的问题显然具有重要的启示意义，特别是在对个体自身边界问题已经充分讨论的前提下，对于个体之间的边界问题则需要后续研究进一步关注。

三　小结

本节的讨论主要总结了易万公司的日常工作压力模式，包括企业文化、管理制度和技术发展三个方面。这三个方面的互动统和最终构成了其企业组织的主要工作压力机制。其背后则主要体现了工作压力理论模型中的努力—奖酬模型与工作要求—资源模型的核心假设，也即努力和薪酬的匹配、高要求和高控制的工作将有利于对员工工作发展的激励（好压力）并缓解其工作压力。

对于是否能够产生好压力问题的讨论将留待本书讨论部分进行分析，对工作压力的缓解情况，我们通过对案例的分析发现，其作用机制非常复杂，以当前的资料而言，其对工作压力的缓解作用十分有限。

这是否意味着在易万公司的劳动过程中并不存在缓解的机制呢？通过对狼性文化运动结果的分析，我们发现潜在企业文化——以人际关系的亲疏远近为管理奖惩的辅助标准对于缓解狼性文化运动带来的冲击是有一定作用的。这提醒我们仅从企业正式的组织制度来讨论工作压力机制问题是具有较大的局限性的。工作环境研究领域的最新进展也说明，工作领域并非独立存在的，而是与家庭、休闲、社会等其他领域相互作用、相互影响的。因此，接下来我们需要考虑的是在企业组织工作压力机制的作用当中，当理论模型中的要素无法作用时，实际起到缓解作用的要素是什么，这正是第五章将要讨论的主要内容。当组织层面所建构的作用无效时，我们希望从其他维度——微观个体特征与宏观社会文化等方面——进一步考察。

第五章　缓解或强化：生命历程 理论与工作压力[*]

第一节　生命历程理论对工作压力研究的启示

　　第三、第四章主要从企业组织的层面讨论工作压力形成的机制问题。这当然是工作压力研究领域的核心关注。但是工作压力研究也提出，影响工作压力形成的因素不限于工作场域本身，其同时会受到来自家庭、休闲、社会等其他领域的影响（Drobnič et al.，2010）。这些领域与工作场域之间作用的机制可分为三种，即文献回顾部分所提到的溢出机制、补偿机制和隔离机制。在工作压力的研究与分析过程中，溢出机制是目前主要的分析视角，此视角主要讨论的是工作和家庭生活之间带给劳动者的双重角色，从而产生的冲突——工作生活冲突（work-family conflict，WFC）。

　　而在此种冲突关系中，研究者们进一步认为对于工作压力的产生来看，相较于家庭的影响，工作领域是二者中重要的主导变量，也即家庭领域被动承受工作领域的影响。在此方面相关的研究，以性别、年龄和婚姻状况为主要的分析变量，分析以上不同的个体特征所导致的劳动者在工作场域中的工作压力结果的差异。

　　既有的研究表明，性别之间的总体差异是显著的。例如相关研究表明女性更倾向于表现出高比例的心理问题和身体的细微不

---

　　*　本章曾经修改后于《妇女研究论丛》2018 年第 6 期发表。

适，男性在面对压力时则倾向于表现出明显的身体症状和重大疾病（Cleary & Mechanic，1983；Cooper & Davidson，1982）。而当讨论到下一个层面的问题时，情形就变得复杂起来。例如有学者通过实证研究提出夫妻双方都工作的情况下，男性相对于他们的妻子会表现出更高的心理问题和更低的工作满意度（Rosenfield，1980；Burke & Weir，1976），而另一些学者研究的统计结果则表明此种情况下女性所承受的身心双方面压力远高于男性（Karasek et al.，1981）。在此基础上研究者们进一步提出，在考虑压力的性别差异的过程中，劳动者的家庭角色应作为重要的维度，包括婚姻状况、孩子的数量和孩子的年龄。正是此三个变量导致了不同数据间的结果差异（Aneshensel et al.，1981）。但是以上研究间却很难进一步展开比较，这一方面是因为数据间因样本和方法等方面的问题而无法进行比较研究，另一方面是因为数据比较难以呈现现实情况的复杂性和丰富性。因此，本章希望以案例研究的方式呈现劳动者个体在性别、婚育状况等方面影响下工作压力状况的异同。

既有研究已经意识到，一方面，工作压力在性别方面所显现出的差异并不可归因于生理性别本身，而是主要源自劳动者所处的社会背景、历史背景、文化背景，正是社会化的过程形塑了不同的性别意识，形成了不同的性别期待，因此，社会背景具有差异时，其性别意识也将具有差异，从而进一步影响到两性在工作压力方面的具体表现。

另一方面，在具体讨论性别差异之时，婚姻状况、孩子的数量与孩子的年龄等个体特征确实是分析的关键变量，但是过往的分析仅关注这些变量独立的作用模式，而缺乏将其整合、联系进行分析的视角。事实上，对于劳动者来说这些变量的作用在其本人那里是综合的，也是流动的，即随着个人情况的变迁而变动的。当然，考虑到宏观层面的影响，也包括可能的文化差异和空间场域差异。它们与性别分工一起导致了不同数据间的结果差异

（Aneshensel et al.，1981）。

在文化差异方面，研究者首先关注东西方对于性别分工的文化差异。一方面学者们意识到全球化和现代化正使得东西方的性别文化总体上向男女平等的方向转变（杨菊华，2014），另一方面针对亚洲的相关研究也指出，由于性别角色规范的变迁方向与进程不同，在总体趋于平等的框架之下，家庭责任仍然需要女性来承担更多（Raymo et al.，2015）。从一项有关中国两性时间分配的研究来看，婚育过程中，女性是以牺牲工作时间来满足家庭和子女的照顾需求，而男性的工作时间在此过程中不降反升（许琪，2018）。因此，在讨论工作压力性别差异时，重要的也许并不是对结果一致性的追求，而是讨论差异产生的机制，特别是文化背景和与之相关的性别规范。

在空间场域方面，主要是指具体的企业组织——特别是互联网企业与传统企业组织——之间的差异。既有研究表明，随着互联网技术的普遍应用及互联网企业的快速发展，互联网企业组织的规范的影响正日益扩大，主要来源于三个方面：第一是互联网技术在工作中的深度嵌入，通过其灵活性的特点突破了时间和地理的束缚而大幅度提升了工作效率，但同时也突破了工作与生活的边界，更易于工作对劳动者生活的侵占，从而使溢出机制占据主导，工作压力陡然增加（梁萌、陈建伟，2017）。第二，互联网企业成为资本投资的焦点，其发展速度受到资本市场预期的裹挟，因此在个体工作绩效和组织产出速度方面都存在较高要求，劳动者承担着较传统企业更沉重也更紧迫的劳动产出压力（梁萌，2015）。第三，互联网技术本身所具备的平等、自由等文化在企业内部有一定影响，企业文化和工程师文化是其具体体现，由此劳动者在组织中具备一定的自主性、拥有一定的话语权和变革的力量（梁萌，2016）。这在某种程度上有利于压力的缓和与化解，然而它们是否有助于推动平等化的性别意识发展，我们还不得而知。

也即在后续研究中，对于工作压力性别差异问题需要更细致的分析视角，其中关键的分析层面是：第一，促进数据和资料层面的对话和讨论，不仅涉及抽样等统计方法，更要在此过程中关注不同社会、不同文化情景对工作压力性别差异的影响，避免将工作场域当作一个抽象的空间，而是关注本土社会与工作之间的互动影响，特别针对互联网企业的研究，由于新型组织规范的影响，工作压力水平和作用机制都发生了较大变化，需要结合组织特点澄清此种变化的特点和方向；第二，在分析性别差异时，需要引入个体特征，特别是劳动者的家庭角色，然而家庭角色并非一成不变，我们需要将此种变化纳入分析中。

在具体的研究中，需要引入既能关注到个体角色变迁也能将社会情境纳入分析中的理论或分析视角。本章认为，生命历程视角恰好符合以上期待，因此将其作为本部分的主要分析视角。

本章将进一步引入生命历程理论的视角来作为案例分析的主线，以弥补既有研究中相关缺憾，以及有利于呈现工作压力作用机制的丰富性。

生命历程被研究者界定为以年龄组区分的被社会界定的相关事件、角色模式，受文化和社会结构的历史性变迁的影响（埃尔德，2002）。生命历程理论既强调个体在其生活中的能动性，也强调其所受到的社会、历史方面的影响。在其分析过程中将个体的能动、社会的结构和历史文化背景相结合，从而呈现出丰富而立体的分析脉络。生命历程理论通过强调时间和过程，将案例中的时序性、连续性等特征凸显出来，又通过强调空间将社会、历史的宏观因素引入。对于工作压力研究来说，有如下两方面的启示。

第一，在分析工作压力时，需以关联的视角而不是割裂独立的视角来分析。这包括分析个体的特征——性别、年龄、婚姻、子女等的联系、相关性，也包括在分析个体时，需与其密切相关的其他个体共同考虑，例如当劳动者处于婚姻关系和亲子关系中时，这两种关系中另一方也是需要关注的对象。

第二，个体能动的背后蕴含着时空特征，即其所处社会、历史的影响。当我们在分析工作压力中个体的行动时，需考虑到哪些是工作压力机制的共性特征，哪些是个体生命历程中的时空特征。具体到本研究来说，就是关注那些受到我国社会、文化影响的行为模式和机制特征。

第二节　生命历程视角下的工作压力故事

本节将以生命历程理论所强调的时序性特征[1]，将易万公司员工的访谈案例，从生命历程的各个阶段的角度进行分类呈现和讨论。易万公司员工平均年龄 26 岁，也就是说，大部分员工处于人生恋爱、婚姻的活跃期，也是生命历程中的巨大变动期，在这个过程中角色的期待与角色的转换都深刻影响着劳动者们。

当然，限于本研究的时间跨度问题，目前还不能呈现出单个劳动者长时间的生命历程个案。作为替代，我们将整个企业作为一个生命历程的总体，从处于不同生命阶段的劳动者的故事入手，从而梳理出易万劳动者整体的生命历程中的工作压力特征。

一　工作夹缝中的爱情

与大部分互联网公司一样，易万公司主要由年轻人组成，也是受过高等教育的技术精英，主要是硕士毕业，少数本科毕业。这也意味着，他们大部分处于 25 ~ 30 岁的年纪。在他们老家的同

---

[1]　从生命历程研究的本质来看，它要求对个体进行长时间的观测。但是无论是本研究抑或是其他长期追踪数据调查都尚未建立起符合生命历程研究的资料基础。因此，本研究选择了将企业组织内劳动者总体视为一个生命历程整体，并将其中处于不同生命历程阶段的劳动者经验进行比较，以期在环境因素固定的条件下，最大限度地模拟接近个体劳动者生命历程纵向发展的特点。这一做法在定量研究方面，已经获得了一定的肯定，但在使用过程中仍需意识到这种模拟内含的假设是：个体未来的生命历程选择策略在此方法下被视作与目前的个体所做的策略相同。这一假设是否成立是有一定挑战的，但是在资料受限的情况下，可权且作为一种次优的替代方案。

龄人想必早已结婚生子，但在"北上广"还是未婚青年居多。这部分背景与我们在第七章中通过数据对互联网深度嵌入劳动者群体的描述分析是一致的。因此该群体首先要面对的是恋爱问题。在这个问题上，主要存在两个困难，一个是人力资源不足（公司整体性别比例失调，男多女少，特别是技术团队），一个是闲暇时间有限。

易万公司是以技术为核心的公司，技术人员以男性居多，只有少数部门能够达到男女比例均衡。因此，单身男性技术人员的恋爱问题尤其突出。其中一个极端的例子就出在笔者访谈的一位技术部门的劳动者——于洋——身上。访谈时正值五一劳动节之后，在谈到假期是否回老家探望时，于洋说：

> 我姥姥说我再找不到女朋友就不要回家了，我一回家我姥姥就装病吓唬我，一定要我尽快带个女朋友回去。反正我现在是不敢回家了。

而对于工作与生活的关系，于洋认为目前是工作对生活的影响更大些。

> 从现在来看，我觉得可能是工作影响生活。但是如果说，结婚生子了，生活一定会影响工作。当然我现在还没有遇到那种状态。对我来讲，就是工作更多地影响生活，然后工作日基本上每天忙碌，周末有时候还写个周报，或者一些事情需要处理一下。（所以，恋爱的事情）只能抽空，周末或者晚上。（易万公司技术部门员工于洋访谈，2015 年 5 月）

在对于洋所在团队的经理的访谈中，他也谈到了这方面的问题。

> 像这种封闭式里面，确实有时候每天都会忙到——怎么
> 也得 11 点吧，就是长期的一个状态，就是可能一两个月的状
> 态。那像这么忙的话我这个组里又都是二十几岁的年轻人，
> 他们都没有机会谈恋爱、结婚啦。这也是个问题，好多还没有
> 男朋友、没有女朋友的。所以我们女生对这种都是，被练成女
> 汉子了。（易万公司技术部门经理章佟访谈，2015 年 4 月）

从表面上看，在恋爱与工作的问题上，工作的紧迫性与重要
性显然占据主要地位。但是随着劳动者年龄的变化，来自原生家
庭的婚育压力也会越来越大，像于洋一样，他们将面临工作和恋
爱的双重压力，二者看似来自不同领域，却都是源自工作压力这
一核心问题，同时恋爱问题也将反过来使劳动者所面临的压力持
续增加，最终导致其对所承受的工作压力不堪重负。

在恋爱过程中劳动者同样存在时间的问题。以技术部门的女
性员工千惠为例，作为公司内部的稀缺资源（女性），她很容易地
在公司内部找到了男朋友，对方是她对口（合作）的研发技术人
员，也是来自同一省市的老乡。但谈到两个人的相处，她也多次
提到了时间的问题。

> 周末的时候觉得好累，我又是那种特别不喜欢出去逛街
> 出去玩的人，能窝家就绝对窝家那种人，所以就感觉周末的
> 时候大部分时间窝在家里休息，还是窝在家里休息一下。找
> 公司之外的人可能性就大大降低了。
> 我男朋友是我对口的研发人员，平时做项目，又是同一
> 地方的人，聊得比较多，慢慢就这样了。生活的话只能周末
> 了，因为你 9 点下班的话，到家收拾晚上十点半了，你就该基
> 本上睡觉了，所以周一到周五基本上个人生活比较少一点，
> 大部分是周末，周末基本上不加班，然后周五的晚上早走一
> 会儿。

　　我之前还经常练瑜伽，没谈男朋友之前，我是基本上会去练两天或者三天瑜伽的，周末游泳。现在回去之后想和他看看视频，也不怎么练瑜伽了。（易万公司技术部门员工千惠访谈，2015 年 5 月）

　　可以看到，千惠很幸运地在公司内部解决了个人恋爱问题。而她的恋爱时间主要在工作之余，但是由于工作时间长，闲暇时间有限，使其不得不牺牲掉一部分个人锻炼时间以维系恋爱关系。长此以往，势必对其健康产生一定的影响。

　　通过以上的个案，我们能够看到，工作时间长所带来的影响在易万公司的男女两性员工身上都有体现，只是由于该公司性别比例的关系，男性解决个人的恋爱问题面临更大的挑战，女性作为稀缺资源则相对容易一些。但是双方在工作与恋爱之间的权衡上态度是一致的，在这个阶段工作占据绝对强势的位置，在工作和个人生活的关系上，工作对生活的影响是主要方面。而在我国的文化中，此年龄段的劳动者更担负着寻找结婚对象、建立稳定的恋爱关系的角色期待，在工作的强势介入下，此种角色期待给劳动者也带来了不小的烦恼。这些个人生活领域的烦恼当然也会反过来影响工作领域。

二　作为转折点的生育

　　那些已经进入稳定的婚姻关系的劳动者面临的情况更复杂一些。主要可以分为结婚与生育两个阶段。其中结婚主要指两性依法建立婚姻关系之后直到生育子女之前。生育则是指家庭中新生儿的孕育与诞生之后很长一段时期。

1. 结婚：压力模式延续

　　走过恋爱阶段进入婚姻关系，不仅代表着两性之间关系的稳定，双方所建立的小家庭也会对二者的角色转换有所要求，例如对家庭的关注和对家务劳动的承担等。但从访谈的案例来看，婚姻关系的建立一般并不会对男女两性的工作造成影响。而随着工作压力的提高，工作会对婚姻生活产生一定的影响。易万公司的某产品部门员工江茹茹在访谈中提到其所在团队的情况：

> 我们组基本上是小姑娘，节奏快，加班太严重。大部分是校招的，也是刚毕业，这种还好。还有一些是原来的老员工，（这种情况）结婚了之后会增加夫妻之间的矛盾。我们组有几个就是。经常加班你回家那么晚，你加班你心态和情绪都不会那么好，那么负面的情绪会转嫁给谁呢？肯定主要转嫁给父母和家人。我们组去年加班特别严重，然后新婚的女孩子就会有这种情况。当然也有支持的情况，有支持加班的（老公）也是因为你加班就不用烦我啦（笑）。（易万公司某产品部门员工江茹茹访谈，2016年1月）

从中可见，相较于恋爱关系，婚姻关系虽然从家庭角度对劳动者的角色提出了一定的期待和要求，但是仍然无法影响到工作领域。而反过来，工作领域所产生的压力会影响到家庭内部关系，激发潜在的矛盾。并且在这一点上，访谈中的男女两性没有表现出明显的差异。

也就是说，在家庭领域建立稳定的婚姻关系并没有深入影响工作领域与家庭领域之间边界渗透性的作用，婚后的工作与生活基本可以看作恋爱时期模式的延续，虽然有一些对家庭角色的期待而引发一定程度的冲突，但并无法真正挑战工作的主导性位置。工作和家庭间边界的渗透性没有实质性的变化。无论是劳动者的个体选择还是组织策略，在婚后，互联网企业高水平严考核的绩效产出要求的重要性仍然高于家庭责任。结婚并没有在实质上改变个体、组织对性别期待的策略调整。

2. 作为转折点的生育：遭遇"晋升共识"

如果说在婚姻阶段，家庭对两性的角色要求还停留在期待和转换期的话，那么从生育开始，男女两性所面临的情况就开始产生巨大差异。

生育过程中女性的隐性成本问题已经出现。女性劳动者在怀孕后，一般其职位和现有工作内容不会有大的变动，但是在升职加薪等方面会受到不同程度的影响。在访谈的案例中，江茹茹的故事是这方面比较突出的。

> 我怀孕三四个月的时候我评级（技术晋级）就没评上，他们（评委）里有个经理知道我怀孕了。我后悔不应该跟他们讲了。其实我当时不是很明显，只是说话或讲 PPT 之后会喘。如果他们不知道的话，应该我评级就过了。然后下一次评级就是我预产期当天，然后我经理刚接手这个团队，他当时说你预产期你也不可能过来，你不参加评级人家怎么给你评上去啊。这就又错过一次。然后我回来之后的一两个月又有一次评级，但是又涉及我刚回来工作不久，所以又没法参加评级。这样就错过了好几次机会。
>
> 今年终于可以评一下了。而且回来工作之后所做的东西都已经不一样了。我之前做的东西只是对原来的经理有意义，而现在再参加评级则需要过来之后对现在这个经理有意义、有贡献的工作。（易万公司某产品部门员工江茹茹访谈，2016年1月）

易万公司的相关制度并没有对孕期员工的晋升做出任何限制性规定，而晋升评委和团队经理之间似乎都存在着对孕期员工晋升的策略共识。这其中的原因很复杂，但是仅从团队这个层面来看，案例中晋升的理由值得深思，也即对中层管理者来说，其团队员工的晋升不仅仅是对其能力和成绩的肯定和表彰，更是对其后续工作表现的预期和激励。回到互联网公司的发展特点上来看，由于技术发展特点和行业竞争环境，对互联网公司来说工作节奏是紧随产品生产周期的，三个月到六个月就要求有新成果和新变化，而孕期的女性劳动者无论其身体状况如何，因产假而引起的工作中断都是可预见的，这势必会影响经理的工作安排，从而引发潜在的晋升困难。

那么休完产假回来工作后，情况会有所改善吗？

> 其实我如果不生小孩儿的话我也可以走管理，就是机会错过了。我们原来团队抽调人来做 N 项目的时候，我正好是在怀孕的后期。而当时抽调过来的人里需要选一些新的 leader，而我之前还带一些人的（所以有一定的竞争力），但是我休产假了，而且是剖腹产，我五个月之后才回来。所以 N 项目一开始忙的阶段、出成绩的阶段就是这五个月，而这五个月当中把下面的人都提上来了，我就下去了。我回来之后就没有（经理）位置了。因为这段时间内，是这个项目最重要的时间，但是你没有在这里，所以影响特别大。这些人已经把 N 项目的架构等都调整了一遍，他们比较熟，所以我回来之后也没办法跟经理谈自己的设想，因为对项目不熟，而且你也不可能全心地投入进来。（易万公司某用户产品部门江茹茹访谈，2016 年 1 月）

同样是基于对现有团队的贡献的考虑，江茹茹休假回来后仍然没有得到晋升。并且因为团队经理调整的问题，其之前所做的工作也一并归零，她必须像新人一样从头再来。但是江茹茹在最后也提到，这一次她对晋升也没有很大信心，因为有了孩子，她没办法全身心投入工作中。

江茹茹的爱人也是易万公司的技术人员，家庭的变化并未对其晋升产生影响。他在这期间跳槽到另一家公司，职位和薪水都得到了显著的提升。

对于其他已婚特别是已育的男性劳动者来说，情况大致相同，在生命历程中的婚育阶段，他们工作压力陡升，工作对家庭的边界渗透性显著提高。

> 张雷他 P 转 M，管理能力不是一蹴而就的，还是需要时间沉淀一下，他可能对于整个管理没有很深入的理解，就是他下面的人心是很散的，但是他很努力嘛。他特别拼，最刻苦。一般下班之后张雷还在那儿打电话，谈业绩什么的，撕扯那些事。（已婚男同事）他们都超拼命你知道吗？特别是木杰华他有房贷压力，老婆又生孩子，严炜就是事业心非常重的一个人，然后冯政也是属于那种结婚了，已婚的肯定也想多赚钱是吧，他们都超拼命工作。所以其实我也加了一点班，但是我加了 2 个小时，他们加了 7 个小时，肯定不一样。（易万公司产品部门员工刘伟晖访谈，2015 年 4 月）

因此从婚育阶段男性员工的表现来看，在此阶段与女性劳动者的工作压力作用机制的表现是相反的，男性劳动者在此阶段没有受到组织晋升共识的影响，反而在家庭责任的影响下工作压力有一定的提升，也因为工作时间的延长而在某种程度上影响到家庭劳动、育儿任务的履行，形成典型的工作压力由工作向家庭扩展的溢出机制。

以上案例具有一定的偶然性，比如江茹茹所在的团队和经理都在其孕期出现变动和调整，以及产品的发展期与其产假的时间高度重合等，这些条件都在某种程度上加重了生育对其个人发展的影响。但是除此之外，更重要的是因为企业内部存在着对晋升的功能性的共识，即晋升既是对员工的肯定也是对员工的激励，只要此共识存在，那么对女性劳动者生育阶段的潜在晋升歧视就难以避免。从工作的角度，这些就是女性员工因为生育而必须付出的代价。

3. 育儿：难以平衡的天平——女性重家庭轻工作的选择

如果说生育职责来源于女性特有的生理特点，那么育儿则更加明确地显示出社会对家庭内性别分工和性别角色的期待。换句话说，育儿并非天然的作为女性的职责，而是社会历史文化所建构的，因而在工作场域与其相关的理念和机制都将深刻反映出一个社会的特定社会性别分工对工作压力机制和劳动过程在微观层面的影响。

同样是江茹茹的案例，其目前所在的 N 项目团队是易万公司向移动互联网转型的核心产品团队，是公司的重中之重。因此其团队的产品周期相对较短，一般一个月需要迭代几次（其他产品是三个月为一个周期）；工作时间很长，基本上当时是全组成员每天加班到深夜；工作压力很大，产品正处于转型期且竞品很多，投资人和管理层都非常重视，急于出成果，奠定市场地位。

正是在这个具有挑战、压力巨大的时期，江茹茹与团队其他同事的待遇、体验有所不同。

> N 项目是目前公司比较（具有）战略型的一个产品，老大也比较重视，部门的节奏很快，团队的压力也挺大。（刚回来时）有一阶段我很困惑，因为工作环境突然之间给你那么大的压力，但最后我权衡了一下决定不会把所有精力都投入在工作上，但是对我的升职加薪啊这方面会影响很大。我之前纠结的也在这一点，我要评级，但是我又不能加班，所以说一定要舍弃一样，我选择舍弃这个。（易万公司某用户产品部门江茹茹访谈，2016 年 1 月）

在工作中面临工作—家庭不能两全时，江茹茹选择了顾全家庭。这一方面会影响其个人的工作绩效，另一方面会影响团队的工作。但是团队经理却以默认的方式接受了她的选择。

我不是直接跟他（经理）谈的不加班。因为是原来团队的同事嘛，都了解这个情况，刚休完产假回来，身体也承受不了重大的压力。包括思想上肯定也跟不上他的那个节奏，而且节奏特别快，跟原来（团队）的工作根本是没法比的。

原来的团队可能就是每天只有一两个人加班，但是现在就是全员每天加班。但是作为职场上的妈妈来说，我是舍弃了一部分事业来顾家庭的。基本上我现在是早上10点之前到公司，中午回家吃饭，下班时间是7～8点，我的底线就是到8点，我可以天天到8点，也可以接受偶尔加班，我也是会把分内的项目都做完的。但是我走的时候其他同事应该是刚吃完晚饭回来开始准备下一轮的工作。别人都在加班的时候你走，肯定对你是有影响的。但是我宁可有影响也不会加班，因为我感觉孩子太小，陪伴的时间太少了。（易万公司某用户产品部门江茹茹访谈，2016年1月）

从这一点来看，生育阶段的女性劳动者其边界的渗透性减弱了，这与我们在前面所讨论到的易万公司整体边界渗透性增强的观点是相左的。也就是说，边界的渗透性问题，不仅与生产体制的特征相关，也会受到劳动者性别特征和生命历程的影响。

这影响是如何产生的呢？虽然江茹茹提到是在将自己分内工作完成的情况下提早回家的，以及不加班，但是无论绩效如何，此举对团队仍然会有一定的影响，例如团队的士气、工作的节奏等方面。但是在一个工作压力如此巨大，作为公司战略焦点的团队，团队经理对此并没有提出异议，而是默默地接受了现实。这其中有两点值得关注：第一，江茹茹与经理曾是同事，二者之间具备一定的私人关系基础；第二，二者之间对江茹茹的选择具有默契，即认为在该员工的这个阶段，其行为方式具有一定的合理性。

关于第一点，江茹茹在访谈中也提到，自己目前不打算换工作，因为"一旦换了工作，就需要一段很长的时间适应新环境，不可能说你不加班什么的"。可见私人关系在某种程度上确实是其不加班工作模式的基础。

关于第二点，另一位有两个孩子的员工的故事从另一个角度给出了线索。

> 他们就问我，你原来的公司那么好，为什么来这个公司？我说离家近啊，我在路上每天节约了将近 3 个小时，5 天就是15 小时，你上一周班儿省出两天来。咱就不说钱了，你现在少挣 20% 的钱，但你省出两天的时间是一点儿吗？家里有事我随时就回去了，老板根本不会知道。我们同事说早上走的时候孩子还没醒呢，晚上回家孩子已经睡了，就一天都看不到。我这没问题呀，我早上 9 点、9 点半怎么都行。我们老二早上 7 点醒，我还跟他玩儿两个小时呢。
>
> 大家都说工作—生活平衡，我后来觉得这就是一个伪概念，这个天平的两端一个高一个就会低，时间和精力是有限的。我是一个上班的妈妈，一天陪孩子的时间就两个小时，跟全天陪孩子的妈妈能一样吗？不是说嘛，这个 guilty 是伴随职场妈妈一生的一个词嘛。（易万公司人力资源部门员工林夏访谈，2015 年 12 月）

林夏原本在一个收入很高的外资金融公司，为了照顾两个孩子，她选择了离家近的易万，虽然收入有所减少，但是换回了跟孩子相处的时间。她认为这是必要的选择和代价。而从其爱人的角度也能看到，这个选择是一个家庭的共同决定。

> 我晚上有时候带电脑回去，还可以边干活边跟他玩儿，不过我老公不让我带（电脑）回去，他说就你公司这些破糟心事儿，干和不干没啥区别。昨天我老公不让我加班来着，他说不行，你连轴转你受不了。非要来接我，（到了公司楼

下）说你现在下楼。为啥这样给她（经理）干啊。（易万公司人力资源部门员工林夏访谈，2015 年 12 月）

因此，在生育阶段女性劳动者所表现出的重家庭轻工作的实践选择大体上来源于三个方面的共同作用：家庭角色分工、组织性别策略和个体性别认同（佟新，2005）。一方面通过对"母爱""母职"的建构，以及社会更强调家庭中母亲在抚育、教育儿童方面的责任，使得女性背负"好妈妈""好老师"的性别期待，需承担主要的育儿责任；另一方面，企业组织作为社会的有机组成部分也受到了以上性别意识的影响，接受女性在生育阶段可能的角色转换的事实，并为之提供一定程度的支持（例如经理对不加班的默认），同时也建立起相关的策略降低其对组织发展的影响，也即在案例中所表现出来的针对怀孕女员工的"晋升共识"策略。

在此两个领域的共同作用下，女性劳动者承担起了生产与育儿的职责，工作压力的渗透性降低，建立起了家庭领域与工作领域之间的坚固边界。因此，从工作压力机制方面来看，在女性劳动者的生育阶段，其工作与生活之间边界渗透性的减弱是被各方接受的，此时工作压力的问题很难直接影响到家庭生活领域，也相对有所缓解。当然这并不表示女性劳动者是全然的受益者，其所付出的个人职业发展的代价也是清晰可见的，而这也是对其预期和共识的一部分。

总体来说，相较于男性劳动者，处于生育阶段的女性劳动者经由家庭角色分工、组织性别策略等个体和组织两个层面的作用形成了性别再社会化①的过程，使其最终接受了社会的性别期待，形成了此阶段相对稳定的社会性别认同与分工。

① 在本研究中，相较于女性在生育之前（幼年、青年）阶段的初级性别社会化，其在此阶段对自身的角色认同、行为策略都需要有新的适应和调整，因此成了与初级性别社会化相区别的再社会化过程。

这一点与前面的恋爱、结婚阶段对比，会让人觉察到其中的性别期待与生命历程之间交互影响的意涵。无论是生命周期还是社会性别，当我们试图仅从一方对工作压力模式的变迁展开讨论时，都难以完整呈现其变迁的细节特点与根本原因，只有在生命周期分时段比较的前提下，讨论工作压力模式转化的性别差异才最能呈现其中的关键作用机制。

第三节　生命历程中工作压力变迁

一　劳动者生命历程视角下工作压力作用机制比较

通过上一节对易万公司总体生命历程与工作压力之间关系的案例呈现，可以看到，在人生的不同阶段，工作领域与个人生活领域之间的关系是存在差异的，且这些差异又与性别角色期待高度相关，因而引发了显著的性别差异。

在恋爱阶段，工作具有绝对的强势地位，个人问题的解决只能在工作时间无限延展之后，是典型的溢出机制。这一时期，男女两性劳动者都主要面临工作领域的压力问题，但是整个社会文化对其现年龄段角色转换（恋爱、结婚）的期待也使其承担着来自原生家庭的压力。

在结婚阶段，稳定的婚姻关系已经达成，夫妻双方开始家庭内角色模式的转换和实践。在此阶段，仍然以工作为主线，工作领域仍然会绝对地主导，会影响婚姻关系。工作领域对家庭领域的溢出机制并未因婚姻关系而有所变化。

在生育阶段，男女两性的角色模式开始出现明显的差异。女性在婚育过程中倾向于选择以家庭为重的行为模式，并且这一点在组织、家庭和个体几个方面都形成了共识，目前来看，这是社会对女性此生命阶段的角色期待，女性此种选择会得到组织的默认、家庭的支持，同时她们也须承受为此而付出的职业生涯代价。

当然，从工作压力的角度看，此时对女性劳动者来说工作影响家庭的边界渗透性减弱了，家庭领域成为主导，形成了家庭对工作的反溢出机制，从而有利于其工作压力的缓解。

易万公司作为互联网新型企业组织的典型代表，虽然企业内部形成了互联网技术、互联网文化深度嵌入的组织规范特点，但是都并未必然带来组织内部性别意识、性别规范的根本变革。也即技术及其文化所带来的劳动者主体性和自下而上的变革力量，尚未触及性别领域。因此，高技术领域女性劳动者的劳动权益、劳动保障和发展问题仍然需要社会性别议题的进一步关注和讨论。

二 性别再社会化及其意义

性别社会化是社会化过程的重要组成部分。人们通过这一部分学习到如何做社会所期待的男人或女人，与社会化的过程相同，性别社会化也是从人们出生即开始并贯穿一生的（佟新，2005）。社会化的复杂性在既有研究中已经被充分讨论，包括继续社会化、反社会化和再社会化等，而性别社会化则主要聚焦在人类童年、青少年的早期经验方面，从而造成了一旦形成就保持稳定的模糊印象。

从本章对工作压力性别差异特征形成的讨论中可以看到，女性的性别社会化并非一以贯之，而是以生育为界限鲜明地呈现出两个截然不同的阶段。在这两个阶段中，在社会、家庭和企业组织的共同作用下，性别社会化所涉及的性别期待、性别角色和性别认同都发生了相应的变化。一方面在生育之前，社会对女性培养同样是以具备良好的教育背景、拥有较强的能力和技术以成为优秀劳动者为核心目标的，排除极端家庭个案，大部分女性与其同辈男性之间的差异不明显；另一方面在生育之后则在角色期待和策略选择方面都以女性是家庭中育儿任务主要责任者为基础，将女性由现代职业劳动者重新转化为传统家庭性别分工模式下的"母亲"角色（徐安琪，2010；贾云竹、马冬玲，2015）。以生育为转折点，前后两个阶段呈现出截然不同的性别社会化意涵，因此基于本章的研究发现笔者提出了性别再社会化概念，以凸显女性劳动者在其生命历程中所面对的困境与挑战，以及在个体选择之外，它们所产生的深层的、社会的原因。

同时，此处对概念的选择还有另外一层考虑。性别操演（Gender Performance）概念近年来在性别研究领域日渐受到重视，通过这个概念，朱迪斯·巴特勒（Judith Butler）提出性别规范、表演（引用）、主体（身体），三者之间是一种流动的创作和表演的过程，也就是说性别规范通过引用自己从而表演出主体（巴特勒，2009）。

从这一角度来看，实际上可以部分解释我们在前文中有关工作压力性别差异形成机制的研究结论。然而，再进一步比较性别操演和性别再社会化（范讠襄，2010；都岚岚，2010），则发现二者之间存在相当大的差异：性别操演是行动者有意识的、主动的行为选择，是经过利益计算且主要以个体利益为基础；性别再社会化强调教化的过程，在这个概念下行动者具备被动接受的特征，以社会期待、家庭利益为主要考虑。因此，强调行动者的主动还是被动是性别操演和性别再社会化概念间的最大区别。

通过前一部分的田野资料可以发现，虽然在重家庭轻工作的策略中个体的能动性确实起到了一定作用，但是社会的期待、家庭的分工和组织的策略显然在其中起到了不容忽视的推动作用，也正是此种推力使得个体选择差异最终演变成为女性群体行为特征。所以此处性别再社会化概念的选择意在进一步突出和强调在工作压力性别差异形成的过程中中观层面的组织和宏观层面的社会的影响及其特点。

沿着概念选择的思路，当我们再次回到工作压力所处的工作场域当中，试图去深入理解女性劳动者在生育之后所面对的工作环境和家庭需求时，基于结构性期待和压力的存在，不可抛开组织和社会的责任而苛责女性个体所作出的重家庭轻工作的选择，同时也需要关注到此种选择中女性劳动者所承担的职业发展代价，而此种代价提醒研究者在讨论劳动者有关工作—家庭之间的互动时，特别是关注工作—家庭平衡等问题时，需要进一步思考对于女性劳动者来说重家庭轻工作的选择是否被认作普遍的平衡？是否存在其他平衡的可能性？相应的代价或挑战又会是什么？

综上所述，希望无论是工作压力的研究抑或是工作家庭平衡的研究都能聚焦在通过相关规范、机制和政策的调整完善，最终为两性提供更加公正、平等和协调的工作生活环境的目标上来。

需要进一步指出的是，由于研究时间和资源所限，本研究虽然采用了模拟生命历程的比较视角，但是仍然欠缺育儿之后的两性工作压力机制的讨论。这主要是受制于互联网企业中劳动者普遍较为年轻的现实，他们中鲜有人处在育儿之后的生命历程当中。经过时间的推移，这部分工作压力机制的调整需要进一步补充，以便更全面地呈现出劳动者工作压力机制变迁的整体发展路径。

最后，回到本书的讨论重点——狼性文化运动上，通过引入生命历程理论，分析工作领域所受到的时空特征影响，也即社会、历史各要素对工作领域的作用，并以劳动者为分析主体，呈现其在易万组织内部的日常工作中所经历的综合且流动的工作压力作用机制。因此，本章的研究发现是对第四章所讨论的潜在人际关系文化的影响的有力佐证。事实证明，即便是在易万这样的现代新型互联网公司中，在正式的、体系完备的官方管理制度之外，本土的、传统的文化价值和行为模式仍然有其发挥作用的空间（邱泽奇，2018），也使得当诸如狼性文化运动等意外压力事件发生时，当原本持有的企业文化、技术文化受到冲击之时，劳动者仍然有一定的资源与意外压力源相抗衡，减缓压力水平，以利于维持一个相对稳定的、对劳动者群体有利的组织内部工作环境。

第六章　全球金融资本：华尔街与
宏观压力源

　　在本书前半部分对易万公司狼性文化运动的诸多分析中，有从个人层面对企业管理层的责难，也有从中层组织层面对企业当时运行状况的理性分析，但是一个企业的工作压力是否仅限于微观层面和中观层面的作用呢？我们生活在 21 世纪全球化急遽发展的时代，而互联网产业整体又处于金融全球化的浪潮裹挟之中心，可以说互联网企业受到全球金融资本的影响已经是一个众所周知的事实，但是目前除了在金融界对相关融资策略和过程的讨论外，很少有人关注到远在太平洋彼岸的华尔街在企业具体运营中所扮演的关键性角色。从易万的角度来看也是这样。实际上，易万与华尔街之间的类似的故事频繁发生，狼性文化运动只是其中的一种类型而已。因此，在对易万公司的工作压力现象进行讨论时，我们需要关照到超越个体层面和组织层面的宏观层面的影响因素。

　　从本研究文献回顾部分的结果来看，工作压力的相关研究主要关注于个体层面和组织层面相关变量的分析，而在宏观层面的分析数量较少且分析得不够深入，以作为背景资料的性质为主。概括下来主要分为以下三个方面。

　　第一，国家间的政策、文化比较视角。在此类工作压力相关的研究中（Gallie & Russell，2009；Gallie，2007），学者们根据生产体制、社会福利政策、家庭文化等指标，区分出不同的国家类别，并以此来比较国家间工作压力、工作—生活平衡等方面在程度、机制方面的异同。例如从市场经济模式层面，区分出协作市场经济的北欧国家、德国和自由市场经济的英国；再从福利政策和社会性别机制方面做出进一步的区分，在协作市场经济中，北欧国家在假期和家庭照顾的政府支持方面都处于领先水平，德国的政策则倾向于促进女性回归家庭而不是由政府来提供直接的解决方案，在自由市场经济的英国则在政策和直接支持方面都几乎没有作为。此类视角的研究主要突出了国家在工作压力宏观层面的作用。

第二，职业特征视角。这些研究首先源于人们直观的感受，在不同时代都存在某些类型工作的压力天然地高于其他工作类型。学者进一步的研究也证实职业间虽然存在着一些共性，但更重要的是职业间的压力差异（苏尔斯凯、史密斯，2007），例如 French 等（1982）对各行业行政人员的研究就发现，他们的压力源与科学家或技术人员之间存在着巨大差异，具有本职业特有的压力机制；另一些学者（Grosch & Murphy，1998）的研究发现那些从事机械操纵的劳动者的心理健康水平、生理健康水平普遍低于管理岗位等的劳动者。这些研究虽然着眼于不同的工作，但其研究结构都倾向于认同职业间确实存在着不同的工作压力模型。从而将职业变量工作压力分析的宏观层面的作用等相关问题带入研究中。

第三，以全球化为分析背景的相关研究。全球化问题是近年来工作压力研究中提出的热点问题，包括在全球化过程中所伴随的资本流动所产生的工作形式的变迁，例如离岸外包等（苏尔斯凯、史密斯，2007；何宛柔，2018）。

总体来看，这些宏观层面的研究缺乏宏观和微观的勾连，主要从个人层面、组织层面的数据来进行宏观层面的分析，反之则很少。从这一点来看，对于宏观对微观的影响，当前的研究表现为知其然而不知其所以然。因此，本部分尝试讨论全球化中的金融资本如何与企业组织互动，以及如何影响了企业组织中的个体劳动者。

马克思在对资本主义经济的研究中已经关注到了金融资本的

问题，在《资本论》（第 3 卷）（马克思，2004：455）中对生息资本和虚拟资本进行了系统的研究，预见到了二者与产业资本的结合，必将对资本主义产生巨大的影响，即垄断资本主义。但是在马克思之后，资本主义经济发生了更加急剧的变迁，自 20 世纪中叶以来，以生息资本和虚拟资本为核心的资本主义经济发展模型已经形成，并且成为全球化中的核心要素。金融部门成为现代资本主义经济的支柱和主导，是 21 世纪经济最重要的特征之一，面对此种情况，学者将生息资本和虚拟资本综合概括后提出金融资本（希法亭，1997：250 - 255）的概念，并进一步指出其在现代经济中与职能资本相结合，其后更进一步成为控制和支配经济生活的主要力量。可见，从宏观经济的角度，以华尔街为代表的金融资本对各现代产业的影响已是不言而喻的现实，但在工作压力研究领域尚未对此做出回应。

当然，在阐明以华尔街为代表的金融资本对互联网企业的影响之前，一个关键性的工作是需要澄清华尔街自身的特点与本质，包括其价值观、结构与行为模式等，在此基础上才有可能勾勒出华尔街与互联网企业的互动特点。幸运的是，美籍学者何宛柔（Karen Ho）已经以人类学民族志的方法对华尔街进行了相当精彩的分析，在她的著作《清算：华尔街的日常生活》一书中指出华尔街中的投行公司具有独特的文化价值，例如，聪明文化、对努力工作的褒奖和工作不稳定化等企业价值与策略首先在投行企业内部将员工高度社会化为坚信自己具有特殊才华和优越性的、时刻具有紧迫性的、追求短期利益的特殊利己主义者，并且华尔街通过日常实践将这一文化成功地强加于相关行业和企业，使其同样处于华尔街特定的社会经济模式和意识形态统辖之下（何宛柔，2018）。

在此基础上，何宛柔进一步指出了华尔街对美国企业影响的路径，提出了华尔街对美国本土企业的"再社会化"影响。华尔街不仅通过对市场趋势和金融结构规范的营造而影响企业的发展，更会实际操刀主导企业的裁员或重组，最终使企业成为从重视自己产品和发展过程，曾经从长期发展规划入手的企业策略到唯华尔街是从，仅考虑短期利益的金融木偶（何宛柔，2018）。

但是由于此书的调研和英文版成书是在 2008 年全球金融危机之前，当时华尔街的注意力虽然已经转移到互联网产业，但是对美国本土之外的关注尚未形成气候，因此书中虽然提到了金融全球化的趋势，在当时也仅表现为世界各地的形式上的办公室和各个投行公司的想象图景与荣誉象征，也即尚未达到全面展开、实际操作的阶段。尽管如此，何宛柔也非常敏锐地预见到在金融全球化下华尔街的扩张将意味着"渗透世界各国市场的能力以及以华尔街的标准规训这些市场"。

学者何宛柔对华尔街及美国本土企业的分析是本书分析易万工作压力案例非常重要的基础。尽管何宛柔的研究仅讨论了华尔街的特质、价值观对美国企业的影响，但是在金融全球化的趋势中，我国互联网企业经由各种风险投资路径，最终纷纷成为金融资本的合作伙伴，从而进入华尔街影响的势力范围当中，因此本部分将继续完成在何宛柔的研究中已经关注但尚未展开的问题，在金融全球化中华尔街如何施加影响，也即问题的另一面是互联网企业如何与华尔街互动，华尔街的压力机制如何传导到我国本土互联网企业当中。

本章将基于易万与华尔街互动的案例，从两个方面回答以上问题：一个方面是从华尔街塑造整体市场规范与环境的调度，为互联网企业的创办和发展建构了一条有竞争、有风险但可监控的既定发展路径，本书称之为强制型结构，意指互联网企业的发展实际上已经被纳入华尔街的市场规范中，除了少数例外，多数企业没有参与与否的选择权；另一个方面是作为利益相关方，华尔街与互联网企业易万之间并非全然利益一致，当发生分歧时华尔街与易万就具体问题的互动仍然是以博弈的形式表现出来，作为博弈的双方，华尔街和易万是如何在具体事件上互动的，也即华尔街的策略是如何直接影响到企业的发展和运营的，本书称之为博弈型互动。

第一节　强制型结构：金融资本与互联网公司的发展

经济学家们普遍认为在全球金融一体化的过程中，互联网技术起到了至关重要的作用。通过计算机网络的链接，大量信息可在短时间内传遍全球，全球化和金融市场一体化正是建基于这个关键技术的支撑之上的。然而互联网与金融资本之间的关系远不止于此。

从资本市场的角度，华尔街意味着世界主要资本市场和全球金融体系中心。在互联网出现之前，华尔街经历了漫长的时间，建构和塑造了一个成熟的金融资本与传统产业之间的游戏场域和游戏规则，互联网技术的发展促成了这一游戏场域向全世界的扩张，同时也在某种程度上重塑了相关的游戏规则（戈登，2005）。

华尔街与互联网商业公司之间的互动始于 20 世纪 90 年代，也即互联网商业化公司发展的初期。第一家在华尔街上市的公司——网景（Netscape）公司，也是世界上第一家上市的互联网公司，其于 1995 年 8 月 9 日上市，上市当日便创造了华尔街前所未有的奇迹，几乎是一夜之间，网景公司从一个投资额仅为 400 万美元的小公司成为市值 20 亿美元的企业巨擘。其公司创始人身价为 1 亿美元，风险投资人则获利 10 亿美元。自此以后，互联网公司成为华尔街的选秀明星。

与传统产业相比，互联网公司与华尔街的关系具有十分鲜明的特点。

首先，互联网公司从诞生到上市的全过程都与华尔街所代表的金融资本相关。目前已经形成非常完整成熟的风险投资链条：天使投资（Angel Investment）阶段、VC（Venture Capital）投资阶段、PE（Private Equity）投资阶段和 IPO（Initial Public Offering 首次公开发售）阶段，以及上市阶段。在天使投资阶段之后和 IPO 阶段之前，一个企业还可根据自身发展需要进行多轮融资，从 A 轮到 B 轮，直至 G 轮都有可能。可以说在企业发展的整个过程中，都与金融资本的运作息息相关。

其次是互联网公司改变了华尔街的投资规则，产生了"概念股"。在互联网之前，华尔街对传统产业的投资主要以其盈利为指标，而对于互联网公司则主要考察其市场前景、发展速度等长期指标，不再要求其当时的盈利等短期指标，华尔街因此称此类上市公司为"概念股"。这也意味着互联网公司对于华尔街来说一方面意味着较高的风险，另一方面也意味着将会带来的高额收益。

贝弗里·J. 西尔弗（Silver，2003）在《劳工的力量》（*Forces of Labor：Workers'Movements and Globalization Since 1870*）一书中提出，资本的发展实际上是利润危机和合法性危机之间不断平衡调整的过程。而其调整的手段主要包括空间调整、技术调整、产业调整和金融调整。除了技术调整外，其他三种调整方式都与互联网与华尔街之间的亲密关系的形成高度关联。其中空间调整促使了全球化的加速完成及在此过程中发达国家与发展中国家不平等的加剧；产业调整则是指资本将投资不断转移到那些利润更高的产业中去；金融调整则是将本该直接投资于生产制造的资本转移到金融投资市场中去。因此，空间调整是以互联网发展为基础的，而产业调整和金融调整的汇集最终使资本选择了互联网公司为其最好的投资对象。

因而网景公司的成功虽然看上去是一个传奇故事，但其背后则是资本在信息社会中为了继续获利而做出的必然选择。同时，资本的发展也仍然会继续面临利润危机和合法性危机之间的调整问题，互联网与华尔街的蜜月期何时结束，其后互联网的发展趋势又会如何等问题也将随着时间而得到答案。

但是不得不承认的是，互联网产业的整体发展路径由于华尔街等金融资本的影响而呈现出明显的资本市场特点。首先是风险逐利模式，不论是产业发展还是金融资本都鼓励创新，也容忍失败，对于高风险高利润的追求是他们的共识；其次，在发展的节奏方面受到了金融资本的深刻影响，华尔街对企业所提出的季度财报、年度财报披露要求，使企业将这些时点视为发展的关键时期，不得不为其提高速度，从而使员工"赶工"；最后，华尔街通过营造宏观市场环境迫使互联网企业调整其发展趋势，例如在一个领域的发展初期华尔街可能会同时扶植几家公司，使其充分竞争，而最后成功上市的则只能是其中最强的那家，也即"互联网时代，只有第一，没有第二"，通过这样的规则，公司间的竞争始终处在不断加速的趋势中，从而使整个行业的发展一直表现出加速度的形式，在此过程中，华尔街也通过对整体市场环境的分析和评论，间接使企业看到自己所处的位置、意识到发展的危机，从而产生持续创新和高速发展的原动力。

对此，一位专门负责互联网公司宏观策略分析的被访者也曾提出：

> 华尔街对公司的利润率有一个预测。但每次公司财报出来，公司自己会有一个对利润率的预测，而这个预测会反馈到华尔街那里，从而影响到华尔街的预测。所以实际上达成达不成更多是公司内部自己的目标的设定和实际情况的一个匹配。所以实际上它们两个是一个互动的关系。一般这个压力主要在老大那里，也要看老大在资方那里的影响力有多大，易万老大就曾对资方拍过桌子，我理解是大老板跟资方的一个博弈。而公司在做年度计划的时候更多的压力则是来源于大的市场环境的要求，就是我的公司在市场的地位怎么样，我这个业绩的发展怎么样。（易万公司商业策略部门李晶晶访谈，2015 年 12 月）

因此，从整个互联网产业的发展来看，在宏观的影响链条上，华尔街是通过建构符合其要求的市场环境来影响企业的发展趋势的。并且由于其高度嵌入在互联网企业发展的各个阶段之中，此种影响很难被屏蔽或消解，其间存在着不平等的权力关系。在这一权力关系中华尔街通过规则的建构和价值观与话语权的掌握，成为主导方，而互联网企业的发展受限于资本提供的资源、要求和宏观市场环境，是被控制的一方，在互动中通常处于一种被动的、顺从的地位，华尔街则以宏观金融环境为基础，表现出绝对的控制力和强制性，本书将此种资本—市场—企业的影响模式称为强制型结构。也就是说，从宏观趋势和结构来看，互联网行业及其企业没有选择是否加入金融资本风险投资游戏当中的自由，对规则也没有调整、完善等影响的可能。

第二节　博弈型互动：易万公司的华尔街故事

上一节概略陈述了互联网公司在华尔街发展的历史，以及其在上市之前的具体融资阶段。但是对于一个公司来说，从初创到上市仅仅是发展的第一个阶段，上市之后企业发展仍然面临着巨大的挑战。但"上市"同时意味着互联网企业正式进入了华尔街的游戏场域当中，必须遵守相关的游戏规则才能继续获得支持、促进发展。在一些特定的例子当中，甚至会决定一个企业的存亡。因此，从这个意义上来讲，以华尔街为代表的金融资本是影响企业组织内部工作压力形成的重要变量。但是华尔街作为投资者并不直接干预企业的内部运营，那么作为宏观层面变量的华尔街是如何与企业产生联系的？二者的互动模式如何？宏观变量是通过何种途径影响到中观的组织运营和微观的个体劳动者的？对于这些问题，本节将以易万公司在 2012 年和 2015 年的两个故事为基础来进行探讨。

一　华尔街"怒摔"易万事件

2015 年 7 月 28 日是星期二，这一天对于易万公司来说可以号称上市以来最艰难的一天。其股价在纳斯达克股市遭遇了前所未有的下跌，单日净跌 29.65 美元，收盘价为 168.03 美元，当天的跌幅为 15%，最大跌幅超过 18%，为 2008 年全球金融危机以来该公司单日跌幅的最高纪录。而当日，股市的其他互联网概念股却是普遍上涨的趋势。可以说，这是华尔街针对易万公司的一次精准的警告行动。

分析普遍认为，2015 年 7 月 28 日事件的起因主要在于易万公司于 27 日收盘后所公布的 2015 年二季度未经审计的财报。

易万第二季度的营收和每股利润都超出华尔街平均预期，但第三季度营收预期低于市场当前预估。易万预计第三季度营收将在人民币 181.7 亿～185.8 亿元，这明显低于市场平均预期的 187.93 亿元。易万的这一预测意味着营收的同比增长率将在 34%～37%，将低于二季度的 38%。

另外，二季度运营利润率也下降 2.5 个百分点。易万在财报中称，O2O 以及其他相关业务致使运营利润率损失 25.3 个百分点，视频公司导致运营利润率损失 5.1%。

获悉易万的财报后，易万的股票在周一盘后交易中即大幅下跌，多家投行宣布调降易万的股票评级和/或目标股价，看淡的情绪一直持续到周二的开盘交易后及全天。①

当然，表面对利润率的质疑并不足以导致如此惨烈的局面。另一个深层次的原因还在于易万公司在移动互联网时代的转型布局不被华尔街看好。在发布 2015 年二季度财报的电话会议上，华

---

① 资料来源：虎嗅网，2015 年 7 月 29 日。

尔街分析师与易万公司高层就易万在 O2O（Online to Offline）方面
投入翻番对利润率的影响方面进行了讨论。

（分析师：公司预计 O2O 业务，不包括 Z 网，三年内交易
总额可以达到多少？）

易万高层：公司 O2O 业务的竞争者有很多是没有上市的，
比如美团、大众点评和阿里巴巴的一些附属公司。因为这个
行业处于发展的初期，所以公司的投入比较大，以确保其能
取得成功。我们所说的 GMV 基本包括三个部分，A 的同比增
长率达到了 200%，B 的环比增长率达到 100%，公司正在与
同行一道向中国的消费者提供更好的订购服务。在这一领域，
易万最终将获得很大的市场份额，但是目前无法预知这个时
间是三年还是五年。

（分析师：公司出于什么考虑计划在 O2O 领域投入翻番？
公司还称 O2O 领域的回报率有改善，这是公司投入翻番的原
因之一吗？）

易万高层：公司上半年每个月都进行了促销活动，试验
不同方式的推广，每次活动都有不同的目的，比如增加新用
户，提高 GMV，通过总结以便推出更合适的活动。过去几个
月来，日活跃用户数、用户总数和转化率增长都非常快。

（分析师：公司提出以 200 亿元人民币的投资拓展 O2O 业
务，易万计划在多长时间投入这么多资金？对公司明年和后
年的利润率有何影响？）

易万高层：这是未来三年的投资规划。这个规划还包括
公司的 GMV 目标、运营目标和投资回报率目标。当然，市场
竞争是动态变化的，不过这一投资规划不太可能在明、后两
年完成。

（汇丰银行分析师：公司欲取得在 O2O 业务的成功，最大
的挑战是什么？）

易万高层：不光是易万，O2O 行业的同行都看到了这个市场的机会，包括一些规模小一点的企业。它们大多没有上市，因此在进行大规模资源投入的时候，（来自股东的）压力相对较小，这些公司背后的投资者也乐于进行这样的投入。易万的优势在于品牌、技术、流量等方面，但是这需要长久的投入和坚持，这是对我们的挑战。

（分析师：从公司过去 10 年的发展来看，是老产品让易万成为一家伟大的公司，而 O2O 行业需要大量投资，并且竞争激烈，公司为何追求这一领域的市场份额？如果公司停止对用户的补贴，用户会否继续使用公司的服务？）

易万高层：如果观察过去 10～15 年的发展，易万其实不是一家纯粹的互联网公司，最开始的时候公司需要线下人员进行面对面的营销。这些年发展下来，公司已经是全球最大的营销团队之一，易万在中国几百个城市都有业务。O2O 的机会出现之后，我们认为这是一个非常适合公司发展的方向，因为易万有巨大的用户流量，巨大的市场需求，公司的营销团队和运营经验也可以对公司起到很大的帮助；公司有能与线下店家沟通的营销人员，帮助其了解和使用互联网，沟通效果也非常不错。另外，老产品也使得公司在竞争中具备优势，尤其是大数据方面的优势。公司还具备资金方面的优势，愿意通过补贴的方式来赢得市场份额。[1]

通过双方的讨论记录可以发现，分析师们对易万公司在 O2O 方面进行长期大量的资金投入非常担忧，一方面是由于此领域趋势并不明朗，在美国等地也还没有成熟的盈利模式可参考，另一方面 O2O 的运营模式当时在国内以大量补贴消费者的方式扩大市场份额，投资 200 亿元，而其当时公司账面资金也仅仅 700 多亿

---

[1]　资料来源：凤凰科技，2015 年 9 月 18 日。

元，但消费者的黏性（忠诚度）一直是一个未解决的问题，也即有可能补贴一旦停止，消费者很快会转移到其他补贴高的公司去，从而使曾经耗费大量资源吸引的消费者群体难以成为公司的长期运营资源，即补贴所能带来的投资回报问题是一个未知数。且这一投资的过程也将是漫长的，很难在短时间内完成。基于以上考虑，虽然易万公司高层对自己的计划信心满满，但华尔街依然纷纷调整了对易万的股价评级，最终导致了 7 月 28 日的股价大跌。

对于华尔街的表现，易万公司很快以三方面的策略做出了回应。

第一，个人层面。易万公司管理层在股票遭受重挫后的第二个工作日即宣布将回购 10 亿美元股票。在投资界，此举通常意味着公司的股票被严重低估，和公司对自己的业务非常有信心。事实上，易万公司此举正是此意，其 CEO 其后在多个场合分析了我国本土的 O2O 市场和业务与美国等国的不同，认为此业务具有非凡的战略意义[1]。当日，易万股票收盘价为 174.47 美元，较重跌日的 168.03 美元有小幅回升[2]。

第二，企业组织层面，宣布停止社招。2015 年 10 月 21 日，易万公司的一封内部邮件显示，将全面停止社会招聘。长期以来，易万公司等大型互联网公司的招聘渠道主要分为三种：社会招聘、校园招聘和内部推荐、转岗。社会招聘作为一种常规招聘模式和争取成熟人才的模式备受重视。因此，此邮件一出，舆论哗然。对此，易万做出的解释是：

> 从即日起停止招人，对于极个别有特殊需求的，需要 CEO 和人力资源副总裁特批后方可招人。对效率的极致追求是互联网精神的本质，"小团队成就大事业"是易万崇尚的人

---

① 凤凰科技，2015 年 7 月 30 日。
② 易万公司股价历史资料，易万官网。

才观。即日起我们暂时停止大规模的社会人才招聘，以进一步提升组织效率，校园招聘不受影响。对于最优秀的社会人才，我们仍然在苦苦追寻，欢迎你加入易万，在更高效的平台上施展才华。[①]

从易万的回应看，其尽力将此举措解释为一种追求效率的方法。但是在即将发布第三季度财报的当口，易万此举更大程度上被看作对华尔街的一种回应。一名资深分析师的观点深得业界认同。

IDL、无人车、Yibike、Yi Eye、机器人这些故事，都没有变成现金流。到了最近，易万又决定讲一个O2O的故事，并宣称将投入200亿元。对于华尔街的投资人来说，易万目前已经遇到了一个明显的增长瓶颈，而O2O又是一个虚无缥缈的故事，现在又要投入200亿元现金到O2O。这对于华尔街来说，简直是惊吓。易万这次调整，更多是对华尔街的一种表态，"即使投资在短期内看不到回报，但我们已经很努力地降低了成本"。[②]

其第三季度财报发布当日，易万股价为187.47美元。

第三，资本运作层面。在此方面易万主要完成了两个方面的资本布局。

一个是通过与A网换股，完成了A网与B网的合并，从而完成了易万公司在在线旅游方面的资本布局。交易完成后，易万拥有了约25%的A公司总投票权，而A公司将拥有约45%的B公司总投票权。A公司董事会主席和联合总裁兼首席运营官等四位A公司高管被任命为B公司董事会董事；易万董事长兼首席执行官

---

① 凤凰科技，2015年10月21日。
② 凤凰科技，2015年10月21日。

和易万副总裁及投资并购部负责人被任命为 A 公司董事会董事。由此，易万一举成为国内在线旅游公司的重要股东①。

另一个是进军在当时非常热门的互联网金融领域。2015 年 11 月 18 日易万公司与 C 银行宣布双方达成战略合作，从而在互联网金融领域开启了"互联网＋金融"的又一运营模式②。次日，易万股票在纳斯达克的收盘价为 204.80 美元。

至此，易万公司的股价已经攀升回 7 月 28 日重跌前的价格。2015 年易万股票波动情况请参见图。

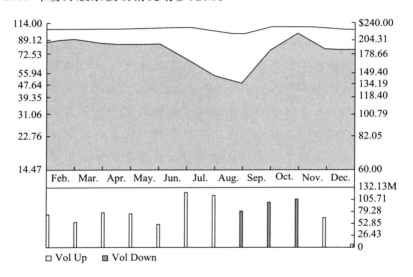

图 6－1　2015 年易万股票波动情况

资料来源：易万官网。

以上的案例是易万公司与华尔街日常互动的一个缩影，从中我们可一窥其中的特点。

首先，华尔街与易万的互动存在两种类型：直接互动和间接互动。直接互动主要以季度、年度财报的发布为主要时点，此时

---

①　网易科技，2015 年 10 月 26 日。
②　凤凰科技，2015 年 11 月 27 日。

华尔街分析师与易万高层会通过电话会议等形式就公司目前的状况进行充分的沟通；间接互动则是股价涨跌为主要的媒介，华尔街通过发布对易万公司的股价评价从而影响纳斯达克股价，易万公司则通过个人层面、企业组织层面和资本层面等多种策略做出相应的回应，从而影响华尔街的评价并间接提升其股价。

其次，华尔街与易万的日常互动是一种博弈关系。在互动过程中，二者的目标都是守住自己的利益，华尔街希望其投资获得最大收益，易万公司希望公司长期持续地发展并从中获得回报。华尔街是投资者，且掌握着整个金融市场的话语权，因此其利用自身的资源发表评价和影响股价，从而影响易万的发展；易万公司则通过资本布局、回购股票、停止社招等策略一方面展示自己对未来业务发展的信心，也同时对华尔街担心投入过多而损失利润率的问题做出了合理的应对措施。因此，虽然华尔街作为全球化金融资本的化身，但作为互联网企业的易万来说，并没有对其亦步亦趋，在互动中二者不是等级化的关系，而是平等互动的博弈关系。

最后，华尔街可以间接影响到企业组织层面的日常管理。此种博弈关系也并不意味着华尔街无法影响到企业组织内部。无论是直接互动还是间接互动，华尔街对易万公司发展策略的质疑是明显的，此种压力易万公司必须回应和面对。我们注意到，在此次事件中除了调整资本布局和回购股票外，易万做出的另一个回应措施是停止社招。实际上，招聘是企业日常运营的重要实践之一，社招的停止突然且决绝，使得很多部门措手不及。此次易万以此为突破点，不得不被视作华尔街压力影响企业层面运作的案例之一。

二　狼性文化事件的宏观因果

在前面的章节中，我们已经分析了狼性文化事件在企业组织内部的发生过程。而从华尔街怒摔易万的案例中我们发现在华尔街与易万公司的博弈关系中，其压力是可以传导到企业组织层面，从而影响企业的日常管理的。因此，本节我们将继续从这个角度讨论狼性文化运动的发生与华尔街的压力之间的关联。

移动互联网是指在此种网络下用户以手机、iPad 等手持终端以无线通信网络方式接入互联网。目前，移动互联网已经成为各大公司争相介入的焦点，具体布局已定。但在 2010 年，移动互联网的概念才刚刚在国内兴起，而随着微博、微信等众多智能手机 APP 的推出并受到追捧，移动互联网的创业浪潮很快席卷了大江南北。

而易万公司在 PC 端互联网时代主要的业务是 S 产品，也助其成长为国内顶尖的大型互联网公司。移动互联网时代的到来则给其带来了巨大的挑战，首先体现在 S 产品的垂直化上：各 APP 都在内部设置了自己的相似功能，例如美食会使用大众点评 APP，地址会使用高德地图 APP 等，这大大削弱了易万的入口地位；其次易万对移动互联网的发展预判及反应也相对缓慢。有评论如此评价易万公司的转型表现：

> 2011 年时，易万移动战略野心勃勃雄心太大，试图建立移动终端的 OS，让所有的应用跑在易万的 OS 中，易万成为一个移动平台。事实证明，这条路走不通。2012 年，易万开始做各类应用，完全嫁接互联网，让易万互联网的产品平滑过渡到移动互联网，所有的产品形成独立的 APP。而在 2013 年，易万终于想明白自己要做什么，推出了基于轻应用的移动互联功能。[①]

因此，截至 2012 年年中，易万公司在移动互联网方面都尚没有令各方满意的举措，评论界和华尔街都已经失去了耐心，这一点从易万 2007～2015 年的股价波动图（见图 6-2）中可以看到，

[①] 钛媒体，2013 年 10 月 24 日。

在 2012 年年中，易万公司的股票经历了一次明显的"跳水"。易万公司当时处于前所未有的内忧外患中。

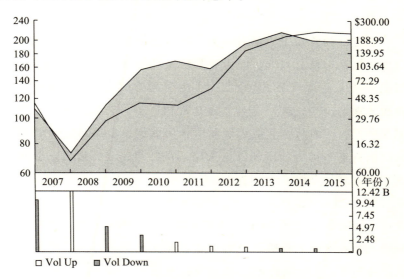

图 6 - 2　易万 2007 ~ 2015 年股价波动图

资料来源：易万官网。

不仅如此，在 2013 年 1 月的公司年会上，易万公司 CEO 已经表达了忧虑。

2012 年对于易万来说，可能是近些年来最困难、最不容易的一年。外界已开始对易万的发展有些质疑：易万是不是错失了布局未来的先机？是不是只能躺在领先优势上吃老本？是不是缺乏创新的动力和能力？甚至有人认为，2012 年，易万不仅遭遇了竞争和挑战，未来的前景也不是那么乐观。易万就像站在一个历史的分水岭，而今天中国互联网正在经历从 PC 向移动的转型。易万被认为在移动互联网业务发展上小心翼翼。2012 年的这个时候，已经有声音质疑："易万在移动互联网时代是否还能保住入口地位？"

目前看来，现实并不乐观。一年前全世界的 PC S 功能使用量还每年成长 20%，但上季度的数据显示下滑 5%，网民正迅速从 PC 向移动转移。①

在这样的背景下，面对压力，易万公司急需一些举措来扭转局面。这其中最引人瞩目的当属狼性文化运动和收购 D 网站。通过狼性文化运动，易万从企业内部的管理方面表达了整肃纪律和积极发展的决心，这一点与"停止社招"一样，都是易万公司对当时所面临压力从企业组织层面所作出的调整策略；收购 D 网站则是从资本布局方面所展开的策略。从结果来看，后者的效果更加明显。这一点从评论中也可以看出。

2013 年 8 月 14 日，易万宣布完成收购 D 网站，D 网站将成为易万的全资附属公司，并作为独立公司运营。交易完成后，该案标的额将超过 10 亿美元投资。

对于急于在移动互联网领域打开局面的易万而言，希望大大扩展自己的业务外沿，不再仅仅局限在 S 功能上，这就迫切需要 D 网站这样一个"入口"产品。移动互联网对易万来说是关乎未来的重中之重。在移动互联网的构建方面，易万最为擅长，在移动生态和应用分发方面，不是一朝一夕可以构建起来的，收购无疑是一个以金钱换时间的选择。并且，留给易万的时间已经不多。

易万也曾陆陆续续接洽过其他公司，但相对而言，其他途径可能是在赌未来，D 网站则能带给易万实实在在的现在。这一交易的迫切性无疑给估值带来了较大的溢价。②

我们再从 2012 年和 2013 年的易万股票走势来看（见图 6 - 3），

---

① 资料来源：凤凰科技，2013 年 1 月 24 日。
② 凤凰科技，2013 年 8 月 15 日。

在经历了 2012 年年中以后的持续下滑后，2013 年的 8 ～ 10 月，易万股票经历了一个明显的上升期。

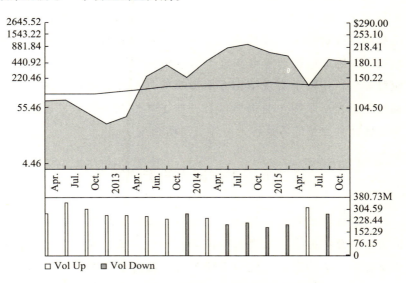

图 6 - 3　易万公司股票 2012 - 2015 走势

资料来源：易万公司官网。

　　因此，当我们将狼性文化运动放在一个易万公司与华尔街博弈关系的长期时间序列中来分析时，可以发现这实际上不仅是一个公司自身发展的问题，也是以华尔街为代表的外部宏观压力向企业组织内部传导所导致的应对措施。同时我们也发现在应对宏观压力时，易万公司通常倾向于从企业组织和资本布局两个层面着手。而后者显然作用更明显，也更容易被关注。

　　也正是通过易万公司在企业组织层面的调整，宏观压力源通过企业组织的管理实践进而影响到了其中的个体劳动者，使其所面对的工作压力来源、机制发生了一系列的变迁。而与一般压力源作用机制不同的，宏观压力的发生与传导，由于存在着作为中介变量的企业组织，因此具有很大的隐蔽性。

　　本节分析了易万公司 2015 年、2012 年两个年度的两个代表性案例，从中总结出易万公司面对宏观压力所使用的两种调整策略，并指出了宏观压力向个体劳动者传导过程的隐蔽性①。同时从易万的调整策略来看，在企业与华尔街直接接触的层面，二者的互动关系主要以博弈的方式进行的，华尔街有其期待和判断，并以评论和操纵股价的方式直接表达，易万公司也有其坚持和调整，通过对组织内部的管理策略和资本布局策略两个方面来作为主要的应对策略，相较于宏观结构方面影响的强制性，微观层面上的互动过程中，互联网企业仍然保有一些主体性和主动权。因此，本研究将此种类型的关系称为博弈型互动。

第三节　工作压力的宏观视角

本章围绕易万公司与以华尔街为代表的全球化下的金融资本的关系，总结提出了后者影响前者的两种方式：强制型结构和博弈型互动。华尔街通过建构市场生态以及金融市场游戏规则等方式使互联网企业时刻警惕自己所处的市场环境变化以及企业的相对位置，"只有第一，没有第二"的游戏规则使其在每个时期都处于高强度的发展压力当中，从而使互联网产业成为一个总体上高压力的产业之一，也即强制型结构；通过与企业在股市上的博弈，一方面操纵调整股价、发表相关评论，另一方面通过与企业高管的直接对话（也即预期与评估）等方式，与企业形成了复杂的合作关系，而企业在此过程中也会有一系列的应对措施，包括公布财报、资本布局、管理策略调整等，因此形成了博弈型的互动关系。

通过以上两种方式，金融资本一方面塑造了整个互联网产业的市场生态与市场结构等宏观环境，另一方面直接影响了具体企

---

① 纵观国内的互联网公司，易万公司与金融资本之间的博弈关系是建立在其 CEO 等管理团队拥有联合创始人的背景和易万公司在国内举足轻重的业界地位基础之上的，在其他创业公司和职业经理人作为 CEO 的公司，此种博弈关系的力量对比，以及压力传导的隐蔽性都会更加不乐观。

业的发展趋势。特别是在全球化的背景之下，这种影响已经消弭了时间与空间的界限，跨越了行业和国家的区隔，成为影响互联网企业的重要的宏观变量之一。

因此，本章的研究以狼性文化的发生过程为主线，以全球化中的金融资本为背景，提出了宏观层面的金融资本与企业组织之间的互动机制，从而有利于进一步理解宏观变量如何成为企业组织内部工作压力的重要来源之一，也即厘清了宏观变量对个体劳动者工作压力的影响机制。

从研究的方法论来看，以往有关工作压力宏观变量的研究主要以微观层次的数据搜集到宏观层次的分析为主，宏观变量对微观个体影响机制的分析路径则是缺失的。本研究从个案分析的角度，尝试提出宏观到微观分析路径的一种可能的方案，从而建立起宏观与微观之间丰富、完整的互动机制，弥补工作压力研究长期以来在此方面的缺憾。

但是当我们纵观中国互联网整个行业的发展时，易万公司与华尔街的互动也在一定程度上存在其特殊性。在第一章的介绍中已经提到，易万公司是国内互联网巨头之一，拥有核心技术、巨大的市场和雄厚的资金基础，这都使其在与华尔街的互动中拥有比较多的博弈资源。而更多的发展中的中小型互联网企业和创业型企业面对金融资本时显然处于更加被动和弱势的位置，本研究认为金融资本对它们的影响方式是基本相同的，包括强制型结构和博弈型互动，只是它们之间的博弈型互动过程中金融资本的话语权占据主导地位，影响力更大。

当然，本研究仅考虑到了在纳斯达克等国际证券市场上市的互联网企业，而那些选择在国内上市的企业的情况则需要另行讨论与研究。

再回到狼性文化运动本身，从本章对华尔街与易万的互动过程可以看到，这场运动并非公司高管的一时兴起偶然为之，而是企业应对宏观压力源的一种惯有行为模式，虽然来自华尔街的压力通过企业的日常管理控制机制早已成为劳动者工作考量中的核心组成部分,但是面对突如其来的博弈事件,企业仍然需要发展出特定的策略以应对危机。也正是通过对危机过程的分析,更加凸显了全球金融资本作为宏观压力源的作用机制和路径。这也是时下互联网企业工作压力机制的重要特点之一。

第七章　互联网技术视角下工作压力的
总体状况[*]

通过易万公司的狼性文化运动的案例讨论，我们能看到一个典型的精英互联网公司工作压力机制的运作状况，并对其运行的复杂性和多样性有了一定的了解和讨论。同时需要说明的是，本研究在探讨具有典型意义的互联网工作环境下的工作组织之外，也关心同样是受到互联网技术影响、使用互联网技术工作但尚未形成（或不会形成）新型互联网工作环境的工作组织。从对工作研究的普遍意义来说，这部分组织和劳动者代表了目前工作领域变迁特点的主要方面，互联网企业则是变迁趋势的主要方向。

基于此种考虑，本研究在对易万公司案例的质性研究基础上，亦引入了相关的数据分析，以对目前的现实状况有所了解，以及探讨理想类型与实际状况之间的差异与张力。

本章主要基于"中国社会态度与社会发展状况调查"2014年的数据，从努力—奖酬模型、工作要求—控制模型两个工作压力经典模型出发，考察互联网技术轻度嵌入群体和重度嵌入群体在工作压力作用机制方面的异同。研究结果表明，相较于轻度嵌入群体，互联网技术重度嵌入群体具有更高的群体同质性——以受过高等教育的未婚青年为主，更有可能承担高强度的工作压力，

---

[*]　在本章的撰写过程中，当时与笔者一同在中国社会科学院社会发展战略研究院做博后的陈建伟博士（现为山东社会科学院社会学所助理研究员）对此章的统计和分析技术给予了支持和指导；本章曾于2017年在《中国人力资源开发》第8期作为独立论文发表，原文根据需要略有删改。

且工作压力作用机制具有一定的特点，如传统上具有一定缓解作用的努力—奖酬模型不再显著；在工作要求—控制模型中，本应具有正向作用的团队合作因其带来额外的情感劳动而成为提升压力感的变量，仅有灵活工作时间仍然有利于劳动者工作压力的缓解。这意味着随着互联网技术的深入引入，工作的方式方法和内在机制都在发生变化。

第一节　互联网技术在工作中的嵌入：工作压力经典模型所面临的挑战

在传统的工作研究领域，有关工作压力的研究已经比较丰富与完善，主要分为两个层面。一方面从管理角度探讨工作压力与绩效产出的关系，从压力源的类型和压力水平等细节方面的讨论呈现出对企业压力管理的相关建议（夏福斌、林忠，2013；黄海艳，2014；盛龙飞，2014）；另一方面从劳动者个体的角度，关注工作压力带给劳动者的生理、心理和社交等方面的影响，以此促进企业组织内部的管理策略向更加有利于劳动者身心福祉的方向发展（张莉等，2013；彭剑锋，2014）。从既有的研究来看，管理学、社会学等相关学科在这方面已经积累了较为丰硕的研究成果。

但是互联网技术全方位深入人们的工作、生活中，其对工作以及工作压力的影响则尚待清晰的梳理与分析。对于互联网技术对工作压力的影响的研究，目前主要停留在经验层面，人们看到劳动工具的改变（电脑与智能手机的使用）有利于提升工作效率，网络技术的发展促进了工作中沟通技术和途径的完善，同时也给劳动者带来更长的工作时间和工作压力水平的波动。虽然有一些针对互联网技术使用企业和使用劳动者的调查，但是仍然沿用了工业时代的分析框架和测量方法，忽视了对技术本身的关注和讨论，也即缺乏对技术与工作压力之间关系的直接探索。而本章认为互联网技术既是企业组织变迁的推动力量，也是内部机制形成和发展的核心变量，因此需要以互联网技术为主线进行详细而透彻的分析，从更加本质的视角呈现互联网技术是如何影响企业组织内部变革的，以对此种技术的本质特点有更细致和充分的认知。因此，本章主要以数据分析的方法致力于探索以下问题：互联网技术是不是现代社会工作压力普遍提升的核心影响因素？互联网技术影响下的工作压力作用模式是怎样的？相较于传统工作中的作用模式，其特点是什么？

本研究基于"中国社会态度与社会发展状况调查"2014年的数据，力图通过数据对以上问题进行初步的分析与讨论，拟以企业组织管理中较为常用的两类管理策略也是工作压力方面的经典模型，即努力—奖酬模型和工作要求—控制模型的比较来回答以上问题。为了凸显互联网技术的影响，我们选取了代表互联网技术在组织中嵌入程度的变量——互联网技术的使用时间，根据时间长度将其建构为互联网技术重度嵌入和互联网技术轻度嵌入的二分变量。在此基础上，一方面比较两类技术使用群体的总体压力水平，观测和分析技术对工作压力结果的影响；另一方面以轻度嵌入群体为基础，比较和分析重度嵌入群体在两类工作压力经典模型作用机制方面的变迁。

作为管理方法中的经典理论，传统工作领域和深受互联网技术影响的工作领域，其管理策略都以努力—奖酬模型和工作要求—控制（资源）模型为基础来建构。从二者对工作压力的缓解方式来看，努力—奖酬模型是一种补偿方式，控制模型则是一种工作过程中增加劳动者自主性的方式，以此构成了企业组织实践过程中对劳动者工作压力的主要应对策略。

互联网技术的特性使其成为企业组织内部变革的巨大推动力。既有的针对互联网技术及其劳动者的研究指出由于互联网技术具有平等、创新、自由等文化维度，劳动者对与此相对应的技术文化、企业文化具有较深的认同（Kunda，2006），因此劳动者在自主性、主体性方面以及企业组织的劳动过程方面都具有一定的特殊性，随着互联网技术使用程度的加深，无论是工作本身的特性还是劳动者的特点都明显地显现出亲互联网文化的特质，例如，对灵活工作制度的偏好和对劳动自主性和自我发展的追求，从企业方面则表现为对发展速度和生产效率的极致关注。

然而，当互联网技术作为核心变量加入以后，企业组织中的工作压力水平和作用机制已经悄然变化，这一点相关学者已经发现并尝试进行探索和解释。有学者认为高新技术企业的工作压力水平上升主要来源于新技术所带来的市场和组织两个方面的快速发展趋势，以互联网技术为核心的企业，组织层面的发展速度快、发展要求高（于唤洲、刘杰，2014；彭剑锋，2014）；另有学者通过数据分析提出高压力的劳动者其主要的压力源来自组织的任务要求、角色要求、人际关系要求等（程志超、刘丽丹，2006；汤超颖、辛蕾，2007）；同时，有学者提出员工为了应对组织的以上要求而需要快速的学习能力和适应能力，而这两方面能力的缺乏将导致工作压力水平的变化，员工个体层面则面临较大的技能发展挑战和角色定位挑战，这导致其工作压力水平在一定程度上有所提升（韩博，2016）。这些研究分别从多个层面讨论劳动者高水平工作压力的原因所在，对我们认识互联网技术对工作的影响有一定的参考价值。然而，以上研究从将互联网技术作为工作压力源的间接影响因素的角度讨论问题，尚缺乏从将互联网技术作为直接、主要的压力源进行分析的角度。本章则希望在此方面有所贡献。

因此，从将互联网技术作为直接压力源进行考察的视角，本章将主要关注工作压力的两方面变迁，工作压力作用机制的变化和作为压力结果的工作压力水平的变化。对于互联网技术对工作压力水平的影响，将主要以比较两组受技术影响程度不同的劳动者群体的方式进行；对于工作压力机制的变化，则在比较以上两个群体的基础上引入工作压力的努力—奖酬模型和工作要求—控制模型，比较两类模型在不同群体间的作用差异，以此来分析和呈现技术对工作微观和中观层面的影响。也即以下两个假设：

压力结果假设（H1）：互联网技术的使用程度会正向影响工作压力水平，也即技术的使用程度越高，相应的压力水平也会越高；

压力作用机制假设（H2）：互联网技术会导致经典工作压力模型作用机制的变迁，即不同技术嵌入程度的群体，努力—奖酬模型和工作要求—控制（资源）模型的作用将发生变化（压力水平、作用方向等）。

本研究试图以数据模型的方式，对以上问题进行分析，从而呈现互联网技术对工作压力作用机制的影响与挑战，为改善劳动者的工作环境和工作效果提供一定的线索。因此，本研究主要聚焦于中国社会科学院社会发展战略研究院于2014年实施的"中国社会态度与社会发展状况调查"的数据（以下简称"社会发展调查2014"）。

该项调查拟推论的总体是中国大陆城镇地区居住的16岁及以上的人口，具体操作定义为中国大陆直辖市、地级市、县级市中居住在社区（居委会）辖区中的16岁及以上人口。抽样方法采取四阶段（市辖区、县级市—居委会—家庭户—个人）复杂抽样设计。最终回收总有效样本数为7171人。根据本研究需求，本次分析只保留有固定工作和有临时性工作的样本，得到有效样本数为4252人。其中男性2086人，占49.06%，女性2166人，占50.94%。

此问卷中对因变量工作压力的测量是以主观感受为主的，以"我时常觉得工作压力大而感到很累"（分为五个等级：非常大、比较大、一般、比较小、非常小）为题对被访者的压力感受进行了测量。问卷中也设计了对工作压力的经典模型：努力—奖酬模型和工作要求—资源模型等相关题目同时在问卷中询问了被访者每天上网的时间，以此评估被访者受互联网技术影响的程度——互联网嵌入度。该变量包括轻度嵌入和深度嵌入两个类别，从劳动时间和生活时间的分配常识出发，本研究倾向于认为每天使用网络时间超过 4 小时的劳动者，其在工作中也必然需要使用到互联网技术，因此深度嵌入除了表示使用网络时间长外，也显示出相关劳动者在工作和生活领域与互联网技术的相关度更高。具体到问卷中的数据，轻度嵌入指每天上网在 4 个小时之内的劳动者，深度嵌入则是每天上网在 4 个小时及以上的劳动者。

本研究希望通过对比轻度嵌入和深度嵌入两种劳动者群体的工作压力水平和工作压力作用模式，来呈现互联网技术对工作压力的深刻影响。因此，本章的数据分析结果部分将分为两个主要的方面进行分析：第一部分主要分析压力水平；第二部分分析两类经典模型的作用机制变化。

第二节　数据与模型分析

一　工作压力总体分布情况

我们首先分析的是工作压力在工作人群中的总体情况，因此先计算了劳动者总体在工作压力方面五个等级上的分布情况，请见表 7 – 1。

表 7 – 1　工作压力分布

单位：%

工作压力	非常小	比较小	一般	比较大	非常大
占比	2.09	10.87	38.71	36.77	11.56

我们看到，表示工作压力比较大的比例是 36.77%，表示工作压力非常大的样本数占总体的比例是 11.56%，二者相加为 48.33%。可见在本调查的劳动者中，有将近一半人表示自己承受

着较大的工作压力。如果考虑到我国问卷被访者对于填答问卷的习惯，以及一贯吃苦耐劳的工作文化，"压力一般"这个选项实际上也意味着承受着较高水平的工作压力，那么工作压力较高水平的劳动者比例将会更高。从数据的角度再一次呈现出关注工作压力问题的必要性和意义。

二　工作压力：分性别、婚史和互联网嵌入度的分析

从既有研究可以看到，除了组织层面的影响因素，劳动者个人特征（性别、婚史）也通过多领域之间的互动而影响到工作压力的水平，因此本部分对工作压力水平的分析既考察了互联网技术的使用程度的影响，也考察了劳动者的个人特征（性别、婚史）的影响。以下根据这些特征变量（分类变量和定序变量）对压力进行列联表分析，以探察它们之间的相关关系。

分别从性别、婚史和互联网嵌入度[①]（表7－2、表7－3和表7－4分别为分性别、婚史和互联网嵌入度的工作压力分析）三个方面进行分析。其中在婚史和互联网嵌入度两个变量的分析中，本研究对原始变量进行了重新编码，婚史变量包括无婚史（未婚和同居）、有婚史（已婚、离婚、丧偶），互联网嵌入度变量包括轻度嵌入和深度嵌入两个类别。

从分析结果来看，表7－2显示性别对劳动者工作压力感受的影响是不显著的（P＝0.963）；表7－3显示婚史对劳动者工作压力感受的影响也同样是不显著的（P＝0.116）；表7－4显示出互联网嵌入度对劳动者工作压力感受是存在显著影响的（P＝0.011），轻度嵌入的群体与深度嵌入的群体之间在压力感受方面的差异是显著的。

_____

① "嵌入"（embeddedness）一词是一个在社会学领域被广泛应用的概念，由波兰尼（2007）首先提出。本处指互联网技术与劳动者的工作、生活的结合程度以及互联网技术对劳动者的影响程度。

表 7 - 2　性别与工作压力的交叉分析

单位：%

性别	非常小	比较小	一般	比较大	非常大	总计
男	2.19	10.73	38.57	37.15	11.36	100
女	1.98	11.02	38.91	36.14	11.68	100
合计	2.08	10.88	38.74	36.78	11.52	100

注：Pearson chi^2（4）= 0.5975　P = 0.963。

表 7 - 3　婚史与工作压力的交叉分析

单位：%

婚姻史	非常小	比较小	一般	比较大	非常大	总计
无婚史	1.39	11.15	41.93	34.26	11.27	100
有婚史	2.27	10.79	37.88	37.42	11.64	100
合计	2.09	10.87	38.71	36.77	11.56	100

注：Pearson chi^2（4）= 7.4126　P = 0.116。

表 7 - 4　互联网嵌入度与工作压力的交叉分析

单位：%

互联网嵌入度	非常小	比较小	一般	比较大	非常大	总计
轻度嵌入	2.21	11.08	39.02	36.95	10.74	100
深度嵌入	1.45	9.87	37.59	35.85	15.24	100
合计	2.09	10.88	38.78	36.77	11.48	100

注：Pearsonchi^2（4）= 13.0129　P = 0.011。

这一结果表明，在进行工作压力相关的分析时，对互联网技术的使用这一变量的分析是具有十分重要的意义的。从表 7 - 4 的频率分布来看（具体请见图 7 - 1），互联网技术的深度嵌入群体相较于轻度嵌入群体感受到强工作压力的可能性更大。因此，我们认为压力结果假设 H1 是成立的，随着互联网技术使用程度的提升，工作压力水平会有所上升。这一点显然与日常生活中的一般印象有所不同，在日常生活中我们主要关注到了互联网技术给工

作和生活带来的便捷和收益，而对可能伴生的负面影响缺乏清晰
的认识。

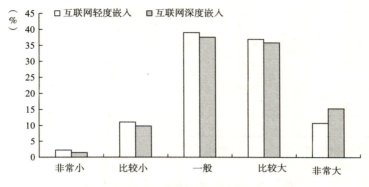

图 7 - 1　分互联网嵌入度的工作压力分布

三　互联网深度嵌入人群分析

对于本研究来说，我们更关注互联网深度嵌入群体的状况，
这部分劳动者的状况将集中体现互联网技术的影响和工作压力的
作用模式。因此，我们继续分析了深度嵌入群体的相关人口学特
点，包括年龄、婚史和受教育程度等方面。

我们在数据中分析了受教育程度、婚史和年龄三个变量分别
在两类群体中的分布情况，详情请见表 7 - 5、表 7 - 6 和表 7 - 7。
表 7 - 5 表明相比轻度嵌入群体，深度嵌入群体中有更多的受教育
程度高者，表 7 - 6 则表明相较于轻度嵌入群体，深度嵌入群体中
有更多的人是无婚史的，而对年龄的分析则表明深度嵌入群体的
总体年龄更小（深度嵌入群体的年龄均值为 31.35 岁，轻度嵌入
群体为 37.11 岁），而群体内的年龄差异更小（深度嵌入群体年龄
标准差为 8.31，轻度嵌入群体为 10.12）。从以上三个方面来看，
互联网技术深度嵌入的劳动者具有一些典型的特征：是一个以受
过高等教育、未婚青年为主的劳动者群体。

表 7 - 5　受教育程度与互联网嵌入度的交叉分析

单位：%

	互联网嵌入程度		
	轻度	深度	总计
没上过学	0.62	0.29	0.57
初等教育	27.84	13.84	25.53
中等教育	38.28	29.67	36.86
高等教育	33.26	56.21	37.05
合计	100	100	100

注：Pearson chi^2（3）= 141.0802　P = 0.000。

表 7 - 6　婚史与互联网嵌入度的交叉分析

单位：%

	互联网嵌入程度		
	轻度	深度	总计
无婚史	17.6	36.34	20.69
有婚史	82.4	63.66	79.31
合计	100	100	100

注：Pearson chi^2（1）= 124.9189　P = 0.000。

表 7 - 7　两类群体的年龄比较

单位：岁

	均值	标准差	中位数	最小值	最大值
轻度	37.11	10.12	36	16	75
深度	31.35	8.31	30	16	69

　　通过受教育程度、婚史和年龄的分析，我们能够发现，互联网深度嵌入群体的人口特征十分鲜明，相较于轻度嵌入群体，他们群体内部的同质性更强，是受教育程度更高、单身较多的青年群体。当然比较遗憾的是数据中没有有关劳动者生育情况的变量，导致我们无法继续深入分析生命历程视角下生育阶段角色期待变化对工作压力的缓解机制，这一点希望在后续研究中能够找到弥

补的方案。

四　互联网技术影响下的典型工作压力模型的分析

我们主要从两个方面来分析：一个是从数据中总体劳动者的角度来看两类经典工作压力模型的作用特点；另一个是分析互联网深度嵌入群体的经典工作压力模型，即努力—奖酬模型、工作要求—资源模型的作用特点。

在此分析中，工作压力变量被重新编码：1 表示工作压力小，2 表示工作压力一般，3 表示工作压力很大[①]。从既有的研究来看，努力—奖酬模型测量主要涉及的变量包括与工作相关的物质收入、职业地位、工作稳定性以及自尊和职业发展等各个方面（Siegrist，1996），本章根据问卷的题目主要采用 5 个方面的变量[②]，分别为报酬、成就感、职业发展、工作稳定性、个人价值。资源模型的测量则涉及较多变量，包括对工作时间的控制、对工作进程的控制、自主性、主体性、社会支持、技能等（Schieman et al.，2006），同样根据问卷和模型需求，选取了 5 个变量[③]，分别为团队支持、歧视、灵活工作时间、法定休息时间、工作环境。

同时我们在模型 1（努力—奖酬模型）、模型 2（工作要求—资源模型）和模型 3（努力—奖酬模型和工作要求—资源模型）中都加入了性别、年龄、婚史、受教育程度和互联网嵌入度作为控制变量。其中模型 1 是分析努力—奖酬模型与工作压力关系的序次 Logistic 回归模型，模型 2 是分析资源模型与工作压力关系的序

[①] 原始分类与本研究的编码对应关系为：非常小、比较小——工作压力小；压力一般，未做改变；非常大、比较大——工作压力大。

[②] 原始问题为 "7. 我的工资和报酬与我的付出和能力相适应；8. 我的工作让我有成就感；9. 我的工作有良好的发展前景；12. 我不担心我会失业；20. 我的工作能够体现我的个人价值"。

[③] 原始问题分别为 "2. 工作中我会获得同事的帮助支持；5. 在工作中有时会遇到性别和年龄歧视；13. 我可以按照自己的时间灵活安排工作任务；19. 我每周至少可以休息一天；21. 我对我的工作场所感到满意"。

次 Logistic 回归模型，模型 3 是分析努力—奖酬模型、工作要求—资源模型与工作压力关系的完整模型。

本研究希望进一步关注不同互联网嵌入程度在工作压力经典模型方面的作用机制异同，因此模型 4 和模型 5 是按照互联网嵌入度区分为轻度嵌入和深度嵌入两个子样本的工作压力的序次 Logistic 回归模型，也加入了性别、年龄、婚史、受教育程度作为控制变量。

模型自变量的描述性统计如表 7-8[①]。

模型中的自变量：

婚史——区分为有婚史和无婚史，其中有婚史包括已婚、离婚和丧偶等情况；无婚史包括单身未婚和同居两种情况。

受教育程度——我们对原始数据重新编码，区分出四种受教育程度，即没受过教育、初等教育（小学和初中）、中等教育（高中、大专和技校）和高等教育（大学专科及以上）。

我们对努力—奖酬模型和工作要求—资源模型涉及的 10 个变量进行了重新编码，编码原则是一致的，即完全赞同和比较赞同合并为"赞同"，比较不赞同和完全不赞同合并为"不赞同"，回答为"一般"的仍表示为"一般"。

表 7-8　模型自变量的描述性统计

		人数	均值或比例	标准差或累积比例
年龄		4253	36.15	10
性别	男	2086	49.06	49
	女	2166	50.94	100
婚史	无婚史	879	20.70	21
	有婚史	3367	79.30	100

① 需要说明的是模型中的因变量——工作压力，我们对数据进行了重新编码：1 表示工作压力小，2 表示工作压力一般，3 表示工作压力很大。

		人数	均值或比例	标准差或累积比例
受教育程度	没上过学	24	0.56	0.6
	初等教育	1085	25.51	26
	中等教育	1568	36.87	63
	高等教育	1576	37.06	100
互联网嵌入度	轻度	3549	83.51	84
	深度	701	16.49	100
报酬	不赞同	828	19.83	20
	一般	1782	42.68	63
	赞同	1565	37.49	100
成就感	不赞同	648	15.64	16
	一般	1860	44.88	61
	赞同	1636	39.48	100
职业发展	不赞同	861	20.98	21
	一般	1774	43.23	64
	赞同	1469	35.79	100
工作稳定性	不赞同	1042	25.63	26
	一般	1588	39.07	65
	赞同	1435	35.30	100
个人价值	不赞同	504	12.12	12
	一般	1751	42.09	54
	赞同	1905	45.79	100
团队支持	不赞同	310	7.46	7.5
	一般	1514	36.43	44
	赞同	2332	56.11	100
歧视	不赞同	1222	29.55	30
	一般	1585	38.32	68
	赞同	1329	32.13	100
灵活工作时间	不赞同	1100	26.58	27
	一般	1468	35.47	62
	赞同	1571	37.96	100

		人数	均值或比例	标准差或累积比例
法定休息时间	不赞同	518	12.42	12
	一般	1127	27.01	39
	赞同	2527	60.57	100
工作环境	不赞同	539	12.93	13
	一般	1842	44.19	57
	赞同	1787	42.87	100

统计结果

模型1、模型2和模型3的工作压力的序次Logistic回归模型如表7-9所示。

模型1也即对努力——奖酬模型的分析,可以看到薪酬和个人价值对缓解劳动者的工作压力具有显著的作用,而成就感和工作稳定性则反而会促成劳动者工作压力的产生,职业发展对工作压力有一定的缓解作用,但并不显著。因此我们看到,在努力——奖酬模型的内部不同自变量的作用机制和方向也是具有显著差异的。仅就本数据的情况,薪酬和个人价值主要指向的是当下的、过程性的,成就感则需要一定的工作成果来促成,工作稳定性指向的则是对未来的预期,是预期的和结果性的,从此两类不同的作用方向来看,一般来说劳动者工作压力缓解与短期内、渐进式的一类要素相关,对未来的预期反而会带来压力水平的升高。

模型2是对资源模型的分析,其中灵活工作时间以及法定休息日有利于工作压力的缓解,而团队支持和歧视则会导致工作压力的产生。灵活工作时间和法定休息日有利于劳动者调整工作和生活以及自身的身心状态,有利于工作压力的缓解也是属于情理之中,工作中歧视情况的存在所导致的工作压力也是各方公认的事实,然而团队支持的存在与工作压力的关系则与通常情况相悖。联系到目前普遍存在的团队合作工作需求,一方面团队的支持当然有利于工作的顺利开展,另一方面团队支持也同时意味着此工作是属于团队合作的工作类型，需要进行相关的人际关系建构，因此在本来是单纯的技术工作或知识劳动的基础上，需要再加入建构人际关系等情感劳动（马冬玲，2010；梁萌，2015）的要求，从这个意义上团队支持的存在确实与工作压力的产生具有一定的关系。

而在模型3中，我们看到年龄、婚史、受教育程度和互联网嵌入度的作用都是显著的，其中年龄越大越有利于劳动者缓解工作压力；相较于无婚史的劳动者，有婚史劳动者的工作压力水平更低，而随着受教育水平的提高，劳动者工作压力的水平也有所降低。在此模型中，与本研究对互联网技术的关注相结合，互联网嵌入度的作用是核心分析变量之一。从分析结果中可以看到，深度嵌入的劳动者比轻度嵌入的劳动者的工作压力水平高。这也呼应了我们在文章开始部分提出的问题，互联网技术的引入并不意味着工作压力的自然降低，同时此环境下的努力—奖酬模型和工作要求—资源模型的利用所产生的压力，其作用机制与传统技术条件下已经具有了较大的差异。

表 7 - 9　工作压力的序次 Logistic 回归模型

	模型（1）：努力—奖酬模型	模型（2）：工作要求—资源模型	模型（3）：完整模型
年龄	- 0.0114 **	- 0.0107 **	- 0.0128 **
性别（女性）	- 0.0169	- 0.0585	- 0.0523
婚史（有婚史）	0.208 *	0.223 *	0.258 **
教育程度（无）	0	0	0
初等教育	- 1.235	- 1.272 *	- 1.013
中等教育	- 1.495 *	- 1.536 *	- 1.305 *
高等教育	- 1.592 *	- 1.579 *	- 1.334 *
互联网嵌入（深度）	0.216 *	0.218 *	0.216 *
薪酬	0		0
一般	- 0.355 ***		- 0.303 **

	模型（1）：努力—奖酬模型	模型（2）：工作要求—资源模型	模型（3）：完整模型
赞同	− 0. 328 ***		− 0. 300 **
成就感	0		0
一般	0. 223 *		0. 286 **
赞同	0. 329 **		0. 410 ***
职业发展	0		0
一般	− 0. 107		− 0. 0272
赞同	− 0. 103		− 0. 0903
工作稳定性	0		0
一般	0. 00758		0. 0381
赞同	0. 201 *		0. 201 *
个人价值	0		0
一般	− 0. 474 ***		− 0. 355 **
赞同	− 0. 371 **		− 0. 180
团队支持		0	0
一般		0. 356 **	0. 388 **
赞同		0. 238	0. 254
歧 视		0	0
一般		0. 711 ***	0. 739 ***
赞同		1. 231 ***	1. 238 ***
灵活工作时间		0	0
一般		− 0. 297 ***	− 0. 289 ***
赞同		− 0. 00170	− 0. 0344
法定休息时间		0	0
一般		− 0. 166	− 0. 0770
赞同		0. 120	0. 188
工作环境		0	0
一般		− 0. 584 ***	− 0. 433 ***
赞同		− 0. 639 ***	− 0. 574 ***
cut1			

	模型（1）： 努力—奖酬模型	模型（2）： 工作要求—资源模型	模型（3）： 完整模型
_cons	- 4.050 ***	- 3.381 ***	- 3.159 ***
cut2			
_cons	- 2.035 **	- 1.286	- 1.037
N	3843	3899	3713

注: * $p < 0.05$, ** $p < 0.01$, *** $p < 0.001$ 。

那么，到底差异何在呢？对于这个问题的探索，鉴于本数据中具有相关的分析条件，因此我们继续以互联网嵌入度变量的两个维度区分出轻度嵌入和深度嵌入两个样本，并分别对其进行分析，所得结果如表 7 - 10 所示。

在模型 4 和模型 5 的比较中，可以看到两个重要变化。

第一个变化是原本在轻度嵌入群体中显著的年龄、婚史和受教育程度，在深度嵌入群体中的作用变得不显著了。

第二个变化是努力—奖酬模型对轻度嵌入群体的影响是显著的，而对深度嵌入群体的影响则是完全不显著的。

表 7 - 10　工作压力的序次 Logistic 回归模型（按互联网嵌入度区分出两个样本）

	模型（4）：轻度嵌入	模型（5）：深度嵌入
年龄	- 0.0138 **	- 0.00407
性别（女性）	- 0.106	0.291
婚史（有婚史）	0.286 **	0.0695
教育程度（无）	0	0
初等教育	- 1.428	16.72
中等教育	- 1.683 *	16.19
高等教育	- 1.725 *	16.21
薪　酬	0	0
一般	- 0.294 **	- 0.396
赞同	- 0.327 **	- 0.154

	模型（4）：轻度嵌入	模型（5）：深度嵌入
成就感	0	0
一般	0.393 ***	− 0.470
赞同	0.489 ***	− 0.205
职业发展	0	0
一般	− 0.0734	0.304
赞同	− 0.161	0.388
职业稳定性	0	0
一般	0.0921	− 0.372
赞同	0.202 *	0.110
个人价值	0	0
一般	− 0.389 **	− 0.0654
赞同	− 0.171	− 0.179
团队支持	0	0
一般	0.239	1.097 **
赞同	0.0917	1.063 **
歧　视	0	0
一般	0.708 ***	0.963 ***
赞同	1.195 ***	1.439 ***
灵活工作时间	0	0
一般	− 0.231 *	− 0.536 *
赞同	0.00206	− 0.0453
法定休息时间	0	0
一般	− 0.0756	− 0.0463
赞同	0.188	0.163
工作环境	0	0
一般	− 0.414 **	− 0.490
赞同	− 0.558 ***	− 0.685
cut1		
_cons	− 3.660 ***	14.70

	模型（4）：轻度嵌入	模型（5）：深度嵌入
cut2		
_cons	− 1.552	17.00
N	3101	612

注：$^{*} p < 0.05$，$^{**} p < 0.01$，$^{***} p < 0.001$。

第一个变化可联系本章前面的分析，深度嵌入群体主要是由受教育程度较高的、单身青年组成，其组内的同质性很高，因此相关的受教育程度、婚史等因素的影响较小。

第二个变化意味着互联网技术深度嵌入群体的工作相较于传统工作，其工作压力的作用机制的确发生了重大的变迁。

因此我们接受压力作用机制假设（H2），即互联网嵌入程度影响了两类经典工作压力模型起作用的机制。具体的机制变迁分析请见下文。

从两个模型的对比可以看到努力—奖酬模型对新型工作环境下的劳动者工作压力的影响是完全不显著的。从数据的结果来看，虽然一般来说较好的薪酬福利有利于激励员工，但对缓解其工作压力的作用则远远没有达到理论模型所预设的效果。结合现实中企业实践，努力—奖酬模型的影响正随着企业组织中绩效考核制度的变迁而发生改变，也即被劳动场域中的实践所解构。

越来越多的公司在明确和加强薪酬福利与绩效考核之间的关系。这主要分为两个方面：指标量化和差异扩大化。在绩效考核过程中将考核的目标逐步分解为可以测量的、量化的指标，同时规定劳动者绩效考核结果的等级比例从而人为地造成差异扩大化趋势。此两种趋势一定程度上提高了劳动者的压力感受，增强了劳动者的相对剥夺感，从而部分抵消了行业整体高薪酬的作用，使薪酬的差距成为劳动者更为关注的焦点，在现实中会提升劳动者的竞争感和工作的不稳定性。

在具有显著作用的资源模型中，团队支持、歧视和灵活工作时间都是具有显著作用的，其中只有灵活工作时间有利于缓解工作压力。工作当中存在歧视会导致工作压力的提升这一点非常容易理解；团队支持由于具有对工作压力正向（提供支持）和负向（投入情感劳动）双方面的要求，而更容易给劳动者带来较多的压力感受。另外需注意的是原本在模型3中有缓解工作压力的显著作用的工作环境变量变得不显著了，对于这一点的解释与薪酬福利的解释相似，也即深度嵌入的劳动者所处的工作环境已经是较高水平且组织间的差异不大。

综合资源模型来看，互联网技术在工作中一方面提高了工作效率，改善了工作方法，另一方面有利于突破时空限制增进组织内部的合作沟通，但这些影响与团队合作相累加使工作的连贯性被破坏，情感劳动需求提升，从而提升了劳动者的工作压力。

因此，资源模型中的重点是灵活工作时间对工作压力的缓解作用。从工作要求—控制模型来看，灵活工作时间通过增加劳动者对工作过程的控制能力，也即自主性的增强，从而有利于工作压力的消解，使我们看到了灵活工作时间在工作压力缓解机制中的潜力。然而在文献部分的讨论中，边界理论也提醒我们，在某些条件下灵活工作时间也会提高工作领域和其他领域之间边界的渗透性，从而使得工作时间延长，工作压力提升。这一点无论是从既有研究还是现实观察，我们都能够发现，越是那些实行弹性工作时间的大型互联网企业，组织内部的加班越是频繁。同时，我们也发现边界渗透性也受生产体制和劳动者个人特征的影响，在不同生产体制和不同生命历程和社会文化中，男女两性的边界渗透性是具有较大差异的。因此，虽然灵活工作时间在缓解工作压力方面的作用是显著的，但组织采用此方面政策时仍需谨慎考虑，综合劳动过程和工作环境的各个方面，以利于其积极作用的最大化。

同时从研究的角度，则需要继续讨论导致边界渗透性变化的关键变量和相关规律，以更好地指导实践。

第三节　补偿还是自主：互联网技术嵌入对
工作压力机制的影响

根据上一节的统计分析结果及相关分析，我们对于互联网技术对工作压力机制的影响有了较为初步的认识，总结起来，可得到以下要点。

第一，以互联网技术为主的工作环境下的劳动者，其同质性较强，以具有高等教育背景的未婚青年为主。

第二，相较于传统工作，互联网深度嵌入群体的工作压力作用机制的确发生了变化。以两类经典工作压力模型为例，努力—奖酬模型在深度嵌入群体中的作用已经完全不显著，控制模型某些变量的作用方向也发生了变化。这预示着工作本身和工作压力两个方面都发生了相应的变化。

第三，即使在模型内部，随着技术嵌入，工作压力作用机制相关变量的作用也发生了巨大的变化。以团队合作为例，在传统工作中，团队合作一直被作为有利于缓解工作压力的资源类型，但是互联网技术深度嵌入群体因团队合作和沟通而导致了工作连贯性被破坏以及情感劳动需求增加，从而提升了工作压力感受。其他在传统劳动群体中发挥缓解压力作用的变量，包括组织普遍向劳动者提供的较为优厚的福利等待遇，也由于产业内部的比较优势丧失，缓解作用有所降低。

有关工作压力的研究由来已久，传统的研究框架在讨论工作压力经典模型时都采取独立分析的视角（Siegrist，1996；Golden，2001；Allen et al.，2000；Glass & Estes，1997），然而在现实的组织场域中各类管理策略之间并非独立而是相互依赖与影响的，因此本研究将两类经典模型同时纳入分析框架，正是对此种现实的确切反映。在此基础上，亦对两类模型各自作用机制进行了详细的解析，比较二者对工作压力影响的差异。这是对代表不同管理策略的模型效果的进一步追问，有利于我们对管理策略效果的深入认识。分析结果也证明了，这一从组织场域实践出发的既联合又比较的视角对于经典模型作用机制的细致分析有较大的帮助。

另外，近年来随着管理科学和计量科学的发展，企业的管理理念和管理方法都朝着日益精确化和差异化的方向发展，量化绩效和绩效差异化分布成为企业组织纷纷采取的主要管理措施，管理学的讨论主要集中在绩效薪酬对生产效率的直接影响方面（盛龙飞，2014；彭剑锋，2014；林美珍、凌茜，2016；李惠青、胡同泽，2016；杨睿娟、元浩然、杨静怡，2016）。然而，随着互联网技术的日益发展，劳动者正成为企业组织中最重要和核心的资源，但目前却缺乏绩效薪酬对劳动者影响的相关讨论。本章从互联网技术嵌入度入手，发现努力—奖酬模型在互联网技术深度嵌入群体中的作用日益式微。这一信号对于我们反思一味追求短期效率的量化、差异化绩效薪酬管理理念和管理策略具有一定的参考价值。

而从易万的狼性文化运动的案例中可以发现，努力—奖酬模型的影响至少在两个方面被劳动场域中的实践所解构。一方面是在差序格局的本土文化背景下，薪酬激励政策被部分中层管理者用来体现"我的人"的利益，而不是对工作绩效的体现与奖励；另一方面公司管理中薪酬激励与绩效考核是强相关的，而绩效考核中的差异扩大化和强制淘汰，使得劳动者的参照群体发生了变化，从而降低了行业整体高薪酬对其的影响，而提升了组织内部薪酬差异和强制淘汰风险对劳动者的影响。例如，当狼性文化运动将强制淘汰的操作单位从大团队降为小的执行团队时，虽然淘汰数量没有发生变化，但是却直接提升了劳动者的竞争感和工作的不稳定性。

从本研究的分析结果来看，目前企业在应对劳动者工作压力方面可以参考如下几个方面。

　　第一，慎重处理绩效与薪酬奖励之间的关系。从数据分析结果看，在互联网技术深度嵌入的公司，努力—奖酬模型对工作压力的缓解作用是不显著的。既有的研究提出，绩效管理包含两个目的：管理目的和发展目的。其中前者会导致工作压力的提高，后者则会促使劳动者既保持合理的压力水平又能够起到一定的激励作用（黄海艳，2014）。与此相对应的是，目前大部分公司绩效考核更注重管理目的，以强调数量化和差异化为核心，此种考核目的的取向并非最有利于劳动者工作压力缓解和促进企业发展的管理策略，建议企业组织在建构管理策略时适时将促进员工个人发展纳入绩效考核中来，在制定绩效指标、绩效考核机制中鼓励劳动者的参与和讨论，使绩效考核和薪酬奖励与劳动者的发展更加紧密结合。

　　第二，在管理过程中赋予劳动者一定的自主性，特别是工作时间方面的自主性。在工作资源模型中，灵活的工作时间具有显著舒缓劳动者工作压力的作用，这非常明确地呈现出企业支持劳动者应对工作压力时可以采取的最直接的策略方向。但与此同时，参考边界理论的观点，在推动工作时间自主性时也提高了边界的渗透性，使工作领域更容易侵入生活领域中，从而导致工作和生活失衡，因而产生另一种压力。因此，企业在制定灵活工作时间政策的同时，也需要考虑到如何尊重和保护劳动者的生活边界，以使其有空间和时间进行再生产活动，从而真正地践行应对压力策略。

　　第三，从人际关系方面建构有利于应对工作压力的资源。在互联网技术深度嵌入的工作中，团队工作对于工作压力的缓解作用是负向的。这提醒企业组织，团队工作并非具有天然优势，需要企业以严谨、细致的管理策略建构一个平等互动型的工作氛围，在此基础上团队才可能在工作中起到支持性资源的作用，否则将会使劳动者陷入更多情感劳动的窘境中，反而提升了压力水平。

　　总之，技术的进步正在重塑企业组织和其内部作用机制，始于工业时代的管理策略由此也正面临着巨大的挑战。由技术引入而导致的组织变迁、劳动者发展需求和劳动过程中的挑战，使原本稳定的工作机制发生了变化，因此工作环境和工作质量问题再一次进入公众视野，意在促使人们既认识到技术的正向促进作用，也意识到技术对工作领域的挑战，从而进一步探究提高劳动者工作质量、舒缓工作压力的方式与方法。

第八章 移动互联网时代的工作压力变迁[*]

从本书开始正式做调查的 2012 年到即将付梓的 2019 年，七年间中国互联网领域已经发生了深刻的变化，其中最集中的特点表现为互联网产业重心已经从 PC 端转移到移动端。具有"互联网女皇"之称的玛丽·米克尔在 2018 年 5 月发布的《互联网趋势报告》[①] 显示，中国移动互联网用户已达 7.53 亿，同比增长 8%，占到总人口的一半以上，移动数据流量消费同比上升 162%。其中，2018 年的一大新趋势是在线娱乐的火热发展，短视频内容和 feed 流产品占据市场，抖音和快手成为这一领域的最大收益企业，日活跃用户数量超过 1 亿。这一发展盛况远非当年 BAT 三巨头 PC 端创业境况可比。可以说互联网移动端时代的发展，是在技术的进步、资本的推动和政府的扶持等三方协调助力的基础上形成的。

在此趋势下，易万公司作为互联网产业的领军力量，也开始从 2012 年以后着手准备向移动互联网领域转向。当然，此次转向绝非单纯的终端转换，一方面包含了用户群体、产品需求和特征的重大变化，另一个方面有外部经济社会环境的影响，在企业文化、管理理念和资本生态方面都相应做了众多调整。因此，如果我们将 BAT 看作互联网 PC 端发展时代的第一代精英成熟型互联网公司，那么移动互联网的后起之秀的企业则被看作发展过程中的第二代创业型互联网公司。从工作压力机制的角度来看，企业文

---

  * 本章部分内容发表于《科学与社会》2019 年第 3 期。

  ① 信息参见 http://www.sohu.com/a/233520302_250147。

157

化、资本和管理等要素均已发生了改变，企业内部的压力机制也随之发生了变化。因此，本章将对易万公司的工作压力机制变迁和第二代创业型移动互联网公司压力机制进行比较，期望从中窥见互联网产业工作压力变迁的本土宏观趋势和核心特征。

因此，在本章接下来的篇幅中将主要从两个方面来呈现这种变化，也就是第一节将讨论移动互联网时代工作压力机制的一般背景，包括技术变迁、产品趋势、资本生态和社会影响，第二节将以当下互联网公司热捧的 OKR 绩效考核方法为线索，一方面通过回访对比易万公司在两个时代的变迁，另一方面则呈现移动互联网时代创业型公司在 OKR 方法使用方面的特征和差异，通过多维的比较梳理出工作压力机制的主要变迁趋势。

第一节 "互联网＋"浪潮与精英互联网公司资本化

众所周知，第一代互联网公司的创办是源自海归技术人员将国外的技术对接到本国空白领域的结果，在此背景下相应的产品是以国外的产品架构为蓝本，加以适应本国特色的微调，也正因为如此，在当时的背景下我国精英互联网公司曾被诟病创意不够、有照搬原版的嫌疑。而移动互联网时代的核心技术驱动力是"互联网＋"，在此轮发展浪潮中，第二代互联网公司更多利用本土资源（例如丰富的劳动力资源和产业转型升级的契机），并结合本土网民需求特征，将互联网技术与传统产业相结合，从而实现了网络技术影响从线上到线下、从精英到大众、从经济发达地区到全国普及的跨越式发展。与同期欧美国家相比，在移动互联网时代我国的自主创新与技术和社会的深度结合都更加突出，真正走出了一条符合国情和时代需求的互联网产业发展之路。

而这一切则要从"互联网＋"这个概念的产生和发展说起。

一 "互联网 +"的源起

2015 年 3 月,腾讯公司创始人全国人大代表马化腾在全国两会上提交了《关于以"互联网 +"为驱动,推进我国经济社会创新发展的建议》的议案,表达了对经济社会创新的建议和看法。他呼吁,"互联网 +"是指利用互联网的平台、信息通信技术把互联网和包括传统行业在内的各行各业结合起来,从而在新领域创造一种新生态。我们需要持续以"互联网 +"为驱动,鼓励产业创新、促进跨界融合、惠及社会民生,推动我国经济和社会的创新发展[1]。

李克强总理在同年的《政府工作报告》中首次提出"互联网 +"行动计划。他指出:"制定'互联网 +'行动计划,推动移动互联网、云计算、大数据、物联网等与现代制造业结合,促进电子商务、工业互联网和互联网金融(ITFIN)健康发展,引导互联网企业拓展国际市场。"[2] 2015 年 7 月 4 日,经李克强总理签批,国务院印发了《关于积极推进"互联网 +"行动的指导意见》[3]。这是推动互联网参与加速提升产业发展水平、增强各行业创新能力、构筑经济社会发展新优势和新动能的重要举措。

同年底,在第二届世界互联网大会"互联网 +"的论坛上,中国互联网发展基金会联合百度、阿里巴巴、腾讯共同发起倡议,成立"中国互联网 + 联盟"。这意味着第一代互联网公司中的 BAT 三巨头都进入了"互联网 +"的竞争赛道。

---

[1] 参见《李彦宏马化腾雷军互联网大佬在两会上说了什么?》,人民网,2015 年 3 月 13 日,http://media. people. com. cn/n/2015/0313/c40606 – 26686082. html。

[2] 参见《政府工作报告首提"互联网 +"》,中共中央网络安全和信息化委员会办公室,2015 年 7 月 6 日,http://www. cac. gov. cn/2015 – 07/06/c_1115824896. htm。

[3] 参见《国务院印发〈关于积极推进"互联网 +"行动的指导意见〉》,新华网,2015 年 7 月 4 日,http://www. xinhuanet. com/politics/2015 – 07/04/c_111581594 2. htm。

由此，"互联网＋"由一个技术理念，经由中央政府倡导和行业资本推动，最终形成了极速发展全面扩张的我国互联网产业第二波发展浪潮。

从底层产品逻辑上看，第二波发展浪潮本质上要做的是通过互联网技术的驱动，链接线上线下（Online to Offline，业内简称O2O）资源，其中的资源包括两个方面：一个方面是物，另一个方面是人。

物的链接主要表现在共享经济方面。根据国家信息中心分享经济研究中心和中国互联网协会分享经济工作委员会发布的《中国共享经济发展年度报告（2018）》，2017年我国共享经济市场交易额约为49205亿元，比上年增长47.2%。其中，非金融共享领域交易额为20941亿元，比上年增长66.8%。2017年非金融共享领域市场交易额占总规模的比重从上年的37.6%上升到42.6%，提高了5个百分点。在就业方面，2017年我国共享经济平台企业员工数约716万人，比上年增加131万人，占当年城镇新增就业人数的9.7%，意味着城镇每100个新增就业人员中，就有约10人是共享经济企业新雇用员工。在用户增长方面，2017年我国参与共享经济活动的人数超过7亿人，比上年增加1亿人左右。参与提供服务者人数约为7000万人，比上年增加1000万人。

这一领域的融资规模达到了2160亿元，比上年增长25.7%，是名副其实的互联网蓝海，截至2017年底，全球224家独角兽企业中具有典型共享经济属性的中国企业有31家，占中国独角兽企业总数的51.7%。

人的链接表现在"互联网＋"对传统服务业的重塑，包括家政业、网约车，以及网络时代的快递员、外卖员等新兴服务业。这方面由于涉及领域较广，尚没有一个总体数据，但以其中竞争一度白热化的外卖业为例，截至2017年底，美团外卖用户数超2.5亿，合作商户200多万，活跃配送骑手50多万，覆盖城市1600个，日完成订单最高破1800万。2017年美团外卖实现交易额

1710 亿元，占美团点评业务的 47.5%。另外，以母婴家庭服务平台为例，母婴家庭服务平台主要指提供从产到育的单一环节或多环节服务且自有线上服务渠道（APP 等）的企业，覆盖综合母婴服务、儿童早教、医疗护理等多个细分服务赛道。2018 年，中国母婴家庭服务平台收入规模约 50 亿元，在业务扩张、场景拓展、智能化趋势下，行业收入构成将趋于多元，并将于 2021 年达到 92 亿元。产业形成"墩座型"结构，长尾市场占据 50% 的市场份额①。

　　以上两种类型，虽然链接对象有差异，背后的运营策略实则一致，也是互联网此轮发展的终极目标，以平台为核心，建立起属于自己的多维商业生态，这是"互联网 +"和平台企业共同的发展目标。

二　BAT 三巨头的资本化

　　一旦生态建成，则龙头企业将在更广泛的商业领域独占先机，有机会成为类似 BAT 三巨头企业那种掌握行业重要话语权的精英企业。因此，不但新企业如雨后春笋般出现，BAT 三巨头也同样在这方面投入重金，纷纷采取企业内部孵化或者投资收购的方式在相关领域布局，意图在未来的赛场上占有一席之地。易万公司在这方面自然全力以赴，一方面致力于将其传统 PC 端业务转接到移动端，使已经成熟且具有优势的产品仍然能成为移动端的流量入口，另一个方面通过收购的方式布局 O2O 服务业，并在发展中由母公司不断发起投资和融资动作，最终为其 O2O 服务企业在专业领域中赢得了一席之地。易万公司的发展策略既展现了传统互联网公司在移动互联网时代的变迁——主动拥抱变革，包括内部组织管理和外部产业布局，也体现了传统精英公司的另一种发展策略——由产品技术为发展核心策略到将资本运作作为竞争发展

---

① 参见《中国母婴家庭服务平台研究报告》，艾瑞咨询，2019 年 1 月 30 日，ht-tp://www.199it.com/archives/827768.html。

的必要手段，也即传统互联网公司的资本化。

从数据上来看，BAT 从 2008 年到 2019 年的 11 年里，腾讯的"资本化"趋势最强，以 713 家投资并购数位居榜首，其次是阿里巴巴 502 家，再次是百度的 231 家。其中，2014 年是 BAT 投资并购全面开战的第一年，也是 BAT 投资的分水岭，百度在这一年里投资并购个数较往年减少，而腾讯、阿里巴巴的投资并购数量则开始爆发式增长。后来腾讯成为最为稳定的领先者，2014 年之后均保持每年投资并购的三位数增长①。2018 年情况稍有变化，阿里巴巴及相关企业以全球 124 件投资事件、超 1800 亿元人民币投资金额排名第一，主要注重电商和金融板块；腾讯及相关企业全球投资超 132 起、总金额超 900 亿元人民币，更偏好文化娱乐和游戏领域。从一则对全球独角兽投资情况的互联网分析报告来看，阿里巴巴和腾讯对独角兽带动作用更强。据不完全统计，"2018 年腾讯共捕获 30 家中国独角兽，与去年持平，包括小红书、车好多、快手、猿辅导等细分领域头部企业。阿里巴巴快速提升，从第七升至第四，全年共包揽 17 家独角兽，包括今日头条、小猪短租、旷视科技、商汤科技等"②。这其中所提到的被投资公司，都是我国第二波创业公司中的翘楚。同时，可以看到，BAT 的投资数据是与移动互联网领域发展趋势相一致的。由此可见，BAT 对第二波创业企业的影响。

那么，作为资本的传统经营公司主要通过投资输出了什么呢？一般包括资本、流量、文化和人才。资本和流量都是通过企业间合作契约的形式传送的。资本是指 BAT 通过投资或者收购产业内具有发展潜力的创业型公司，使其成为自己战略布局的一部分，

① 《BAT 的"大江大河"：互联网三巨头最全投资版图》，新浪科技，2019 年 2 月 21 日，https://tech.sina.com.cn/it/2019-02-22/doc-ihrfqzka7865647.shtml。
② 《中国独角兽报告：ATD 代替 BAT 成投资端互联网巨头》，新浪财经，2019 年 3 月 7 日，http://finance.sina.com.cn/zl/bank/2019-03-07/zl-ihsxncvh0487069.shtml。

流量则是在被收购的创业公司与竞品竞争进入白热化阶段时，BAT公司不仅会提供资本支持，也会将自己所拥有的流量资源与创业公司对接，助力其在竞争中获胜，从而获得丰厚资本回报和拓展商业生态。通过这一过程，BAT公司以资本、流量等资源为筹码对创业公司的发展策略进行不同程度的干预，无形中也将其文化价值观及管理理念和发展策略等传递到新的领域。人才和文化则是通过企业间自由流动的方式进行的，更准确地说是带有传统精英公司文化的前精英公司员工，在"互联网＋"浪潮中开始创业。大多数情况下，其所创办的企业在文化、价值观和管理方面会深深地留下前东家的烙印。事实上，BAT作为在国内首先创办和发展的互联网公司，在用户中普及技术应用的同时也培养了第一批互联网领域的人才，这些人离职或创业后纷纷投入新型移动互联网领域中，过往互联网企业文化重塑的影响犹在，经由一批批看似自由松散的人事调整将互联网公司的文化和管理策略等带入新公司中，而事实上这类人员所创办的创业公司也更容易获得其前东家的投资和资源，这在某种程度上又强化了这类人事流动路径，使其成为一种更为稳妥和稳定的发展策略。其可靠和紧密程度有时甚至超过了企业间契约式合作关系的影响。

　　由此我们看到，虽然2008年全球金融危机以后我国互联网产业有一个发展的明显转向，呈现出传统PC端和新兴移动端之间的明显转折，但是在传统精英企业和新兴创业企业之间仍然存在着多层次多渠道的联系，既体现为传统企业在新形势下的变革和改良，也体现为新兴创业企业对互联网文化、价值观的延续、传承和发扬。因此，当我们要梳理出工作压力机制在新时期的变迁特点时就需要将两个阶段的企业进行深度对比，同时考虑到精英互联网企业的发展框架也是源自国外，最好将一家西方移动互联网公司及其在中国的分部纳入比较中。通过这种新旧、中西之间的对比分析，才能够更清楚地呈现出具有我国本土特点的互联网工作压力机制和压力水平的变迁。

第二节　KPI 还是 OKR——移动互联网时代绩效考核的革命

在本书中谈到易万公司的绩效考核时，它们使用的是当时国内外互联网公司普遍使用的 KPI 考核方法。KPI（Key Performance Indicator）即关键绩效指标法，在此方法下企业自上而下制定年度发展目标，这个企业层面的整体目标要求是可量化和测量的，之后自上而下逐层分解目标，企业根据对员工达成目标的情况进行绩效考核，以及后续的奖励与惩罚。在第一代互联网公司，KPI 考核法的使用是相当普遍的。经过前面章节对易万公司 KPI 实施过程的剖析，能够看到此种方法本身存在着一定的缺陷，包括自上而下的目标拆解过程不透明，个体之间目标难以协同而影响合作，对量化的极致追求极大地提升了员工的压力而非动力。在移动互联网时代，新生代的企业纷纷转而使用 OKR 作为主要的工作目标推动管理方法。

一　什么是 OKR？

OKR（Objectives and Key Results）是以工作目标和关键结果为核心的新型工作目标和管理方法。OKR 由英特尔公司最早提出，1999 年被谷歌首先采用，并取得了相当好的效果，后又被 Uber、LinkedIn 等移动端创业公司采用。不同于 KPI 强调员工完成自己的任务，在 OKR 强调上下级之间和员工之间的协作和协同，并强调个体的努力和能动性，为达成目标穷尽所能。

行业内部的共识是，OKR 的使用一般来源于企业的两种诉求：一种是业务发展的速度和工作效率的提升；另一种是组织内部发展目标的一致性和协同性。OKR 的实施过程也对应了以上两种诉求的达成。

具体来说，OKR 也是一种企业目标自上而下分解的方法，其中 O 就是每个层级要达到的目标，一个企业最高层级的 O 是由其最高层的管理者根据企业的发展策略和使命制定，一般来说 O 是定性描述的，带有激励性质，一般每个人的 O 不超过三个。而 KR 则是实现 O 的几个关键结果和关键方法，也是最终衡量 O 是否达成的重要线索。通过这种方式将公司的宏观战略目标与一线业务的战术目标建立起更紧密的联系。更重要的是，在制定 O 的过程中要考虑到这个目标的激励和定性因素，也就是鼓励大家制定一个难以全部实现的目标，只有这样才有可能激发出个体的潜力，推动个人和组织的不断学习和快速成长。

在 O 从最高管理层到一线员工的逐级分解过程中，在过程上是全程透明的，每个人的 OKR 都是全网可查的，员工在制定逐级的 O 时要首先基于企业总体 O 的实现需求，再具体考虑支撑上一级 KR 的实现，以及与业务相关同事之间的协同和支持。

OKR 的回顾与考核要求灵活和敏捷。一般推荐月度回顾或至少季度回顾，这一点比 KPI 半年一次的回顾周期更短。对 OKR 的完成情况进行打分，并在团队内部或组织内部对执行过程进行讨论，从而可以因应市场和环境的变化迅速调整。OKR 的考核也是沿用了定量的分数方法，对应于每一个 KR 进行打分，加总后得到一个总分，一般建议用 0~1 的分数范围。0 是没有进展，1 代表全部达成。特别需要强调的一点是，由于 OKR 鼓励设定难以全部实现的目标，因此"最佳"的得分并不是 1 分，而是在 0.7 分左右；这个分数表明被考核对象经过努力完成了大部分最核心的指标，同时又留有"stretch goal"（延伸目标）和足够的空间继续努力。

而在 OKR 体系中，比较强调的一点是 OKR 的分数不要直接用于绩效考核。因为在设定目标时更强调挑战性以激发个体的潜力，如果以 OKR 的分数直接关联绩效，那么大家在设定目标时将考虑绩效薪酬而设定一个保守的目标，以保证较好的薪酬回报，从而最终影响了 OKR 激励挑战和创新的取向（尼文、拉莫尔特，2017）。

二 OKR 与 KPI 的异同

从目前国内外互联网公司的实践来看，显然 KPI 的时代已经谢幕，属于 OKR 考核管理方法的时代已经来临。通过前一部分对 OKR 的概括性描述和易万公司 KPI 的实践案例，本部分将总结和对比两种管理考核方法的异同，从而为下一部分在各个公司应用的案例提供必要的分析基础。

在相同点方面，二者都作为在互联网企业盛行或曾经盛行的考核管理方法，在策略目标上是一致的：希望通过考核管理方法的使用使得企业能获得更高的效率，在日益严峻的市场竞争中立于不败之地；同时，通过将目标落实到每一个员工，希望能衡量出不同员工的投入和产出，薪酬奖罚有度，职位升降有据，从而通过激励劳动者个体的发展最终实现企业层面的整体发展。

但总体来讲，二者间仍然是差异性特征更明显，主要体现在以下几个方面。

第一，在目标方面。KPI 方法下所制定的目标突出的是可量化和可测量的特点，因此主要以数字化的形式体现，明确、客观；OKR 方法制定的目标则由于强调企业的宏观战略呈现，因此以定性描述和激励色彩的激励性语言的形式呈现，意在明确发展方向和留有发展空间。OKR 的目标更注重将企业的宏观战略逐级落实，最终成为员工内部协调合作的可操作战略，使员工个人发展目标和企业的战略目标达成最大程度的一致。

第二，在过程方面。一方面是制定过程的透明性。KPI 方法中绩效目标的制定虽然也会有层级之间的沟通，但主要限于直属上下级之间，且沟通方向是单向的，也就是下级的 KPI 会与上级协商，上级的 KPI 则只会与更高一级管理者协商沟通，而自己的直属下级和同事都不知晓。因此，常常造成员工在合作过程中由于各自 KPI 目标的差异而产生阻碍和隔阂，不利于互联网企业虚拟团队和跨部门协同等工作方法的开展。OKR 方法则强调目标制定和调整全过程透明以及全组织透明，从最高管理者到一线员工，每个企业组织成员的 OKR 目标都是通过内部分享平台清晰体现的，特别是最高管理者的 OKR，除了在制定过程中会充分沟通外，由于目标的定性描述特征，还需要将其向组织内所有员工进行阐释和说明，以便其他员工据此设定自己的 O（目标）。同时，在员工群体制定 OKR 目标之时，通过透明性还进一步强调了个体间、团队间的协同和合作，避免了因为目标的差异而引起的协作挑战。

另一方面是调整周期的敏捷性。KPI 一经制定，一般在一个工作年度内有两次回顾，一次是年中回顾，主要考察目标进度完成情况，以及据此指导员工工作的路径和方法，或提供相应的资源支持，第二次是年终回顾，回顾一年以来工作目标的完成情况，并据此发放绩效薪酬和为职位升迁提供依据。OKR 则缩短了回顾的周期，增加了回顾调整的次数，一般推荐月度回顾和季度回顾，根据情况适度调整目标。从管理成本的角度来看，频繁的工作回顾的确会挤占员工的工作时间，提升管理成本，但同时这也更适应移动互联网产品开发和运营特点。在易万的案例中，本书通过敏捷开发的案例已经分析了移动互联网时代小步快跑、快速迭代的产品开发与运营策略，其迭代周期是以天和周为单位的，这与 PC 端时代先搭好成熟的产品再上线的以月和季度为单位的长线开发周期和迭代周期之间对工作节奏的要求存在巨大差异。移动互联网时代，所有互联网产品的迭代周期都在朝向更加灵活敏捷的方向发展，敏捷工作方法已经由试点推广发展为全组织和全行业的普及方法，显然 OKR 的周期与敏捷方法之间更加匹配，更有利于移动互联网时代产品策略调整所要求的灵活性和敏捷性。当然，在工作节奏上这也意味着从"快"到"更快"的变迁，且增加了目标回顾方面的工作量。

第三，在结果方面。KPI 以目标的百分之百达成为潜在前提，员工努力的目标具体、明确，同时 KPI 直接关联到绩效考核、薪资福利和职位晋升，这导致员工在制定目标时会偏向选择有较大概率完成的具体目标数据，不利于发掘潜力和促进创新，而管理者一旦基于自身目标和绩效、企业利益而推动员工制定具有达成难度的目标数据，则二者之间将产生博弈的过程，将在一定程度上妨碍组织内的协同和协作。OKR 的目标设定鼓励向"不可能完成的任务"挑战，因此对员工完成目标的预期较低，一般认为完成 70%，也即考核分数在 0.7 左右即被视为达标，既满足了预期又留有延展性的发展空间。由于 OKR 目标达成的不完满性，理论上这种方法并不推荐将其与业绩考核直接挂钩。因为一旦二者产生直接联系，则将如前所述必将影响目标制定的性质，使其偏于保守，从而失去其鼓励尝试、促进创新的本质意涵。

以上从目标、过程和结果三个方面考察了 KPI 和 OKR 两种方法的差异，总体而言，OKR 确实与移动互联网时代的需求更加匹配，但 OKR 也并非绝对完美，也具有某种理想主义特征。例如其强调与业绩考核脱钩，虽然意在更好地专注于目标的设定与完成，但现实中企业实行 OKR 多是在替代 KPI 的基础上，而传统上 KPI 又是与绩效考核紧密相关的，那么，在这种情况下企业将如何选择？遵循 OKR 的理论要求则企业的绩效考核体系势必趋于混乱，对管理的稳定性构成挑战，无视 OKR 的理论设定而将其与绩效考核捆绑，则又难逃 KPI 早已显现的目标保守和阻碍创新的缺陷。

除此之外，KPI 和 OKR 都是源自西方社会文化背景下的企业管理方法，在互联网产业在我国发展已有 20 多年的历史背景下，我国互联网产品和技术更加深刻地植根于本土社会和本土需求，第一代互联网精英公司资本化，取代原有国际资本而日益成为互联网产业发展的主要资本动力，那么，我国互联网企业在利用以上管理方法时蕴含了哪些本土特征？对工作压力机制又有哪些方面的影响？在本章的下一节，我们将通过对本土两代公司的比较和本土公司与美国跨国公司的比较来尝试回答以上问题。

第三节 以 OKR 为线索的四家互联网公司
工作压力案例比较

从本书之前部分对易万公司发展特别是狼性文化运动的分析来看，易万公司在此轮由 PC 端到移动端的转型是被动且稍显落后的。自 2012 年底狼性文化运动发起至今，易万公司虽然也在投资布局移动端生态，但仍然难以占据先机，重现往日辉煌。这同时也意味着易万公司移动互联网时代的转型危机一直如影随形，而狼性文化运动由于种种原因也未能力挽狂澜。随着 2018 年被寄予厚望的改革核心人物离职，易万公司在整个产业的地位更加岌岌可危。此种情况下，易万在 2018 年底又发起了另一轮的内部整改——全面去"KPI 化"转而推行 OKR 管理考核方法。正如本章第二节所述，OKR 管理考核方法已经是移动互联网创业公司所普遍采用的方法。因此，这次管理考核的改革可以被看作继易万公司产品技术转向移动互联网之后，从管理方法上的进一步转向。

我们从本书工作压力机制的分析部分已经知道，绩效管理考核方法是易万公司工作压力机制中重要的影响因素，那么，此次调整会给工作压力机制带来哪些变化？劳动者的工作压力水平相应会产生哪些改变？

一 易万公司的 OKR 变革

2018 年 12 月，易万公司开始在公司内部动员筹备推行 OKR。经过高层宣讲、团队内部学习讨论等一系列程序，截至 2019 年 1 月底，易万公司全员的年度 OKR 已经制定完毕并正式提交。

易万公司此次 OKR 变革的一个突出特点是"去 KPI 化"，也就是说，虽然理论上 OKR 由于不与绩效考核挂钩而无法替代 KPI，但易万的实践实际上是对 OKR 的一种改良，使 OKR 成为替代其原有 KPI 考核体系的一种集目标管理和绩效考核为一体的管理方法。

易万如此举措也是建立在对以往 KPI 方法的反思基础上的，主要集中在以下三点。

第一，KPI 灵活性差，而互联网产业特别是移动互联网的变化是非常频繁和快速的。

> 易万它不像一个工厂，目标特别明确。它每年都会有一些新的赛道，有一些新的业务线。所以，它的目标其实一直在变化，这个时候你用 KPI 的话，会发现年初我定的目标，可能到年终或者年底回顾的时候，业务业绩已经完全不是那么回事了。就是，如果你要说再去回顾年初定的目标的话，其实就完全不可去评估了。（易万商业产品部门资深员工访谈，2019 年 3 月）

因此，OKR 方法中的回顾周期短、次数多的特点与移动互联网时代的企业发展特点更加匹配，使得目标和对目标实现程度的测量都更加符合实际，也更加精准。

第二，KPI 不利于跨团队协作。易万公司的项目推进多以跨团队的"虚拟团队"工作方法进行，在 KPI 时代，每个人的 KPI 制定主要考虑的是本职位和其直属上级的需求，在此范围之外的人相互之间的 KPI 是保密和不相关的。因此，合作过程中会造成员工之间 KPI 目标和权重的不协调，从而阻碍了虚拟团队项目的推进。

> 比如我是做用户产品的，我的 KPI 就是用户体验，要知道用户时长和阅读时长是多少。我的这个用户体验值要好。就是大家觉得你的产品是好的，愿意来看，这是我的 KPI。但是商业部门的 KPI 就是我要尽可能多的收入，那我希望尽可能多出广告，那才能多赚钱。但是这个就是损害用户体验的。两边的 KPI 是会经常打架。所以觉得那我们是不是应该用一

套可能更合理的评估方法来辅助协调大家的工作。（易万商业
产品部门资深员工访谈，2019 年 3 月）

OKR 目标制定过程中的全过程性和全组织的透明性，会有利
于解决这方面的问题。

第三，产品数据的增长与企业文化脱钩。易万的产品业绩在
过去的十几年中一直保持着较为平稳的增速，但是却不断被用户
和公众诟病缺乏企业社会责任。为了改变这种局面，易万亟须且
曾经尝试在 KPI 中加入企业文化要素，但由于权重不高，最终也
收效甚微。

　　但他特别强调了良币驱逐劣币。就是因为现在易万的一
些产品受到很多的诟病。所以现在特别强调：我们要收入，
但是我们的收入是良性的收入。不能因为要收入我们就损失
一些用户体验，损失我们的商誉品牌。那个 KPI 是只有定量
的数据在里面，但是没有我们的文化在里面。这个就是可以
强调我们的文化，其实是要良币驱逐劣币的。（易万商业产品
部门资深员工访谈，2019 年 3 月）

OKR 的目标设定由于提倡以定性描述的、激励性的语言而非
数据来表达，所以为企业文化的加入保留了一定的空间。当然，
这里企业文化的加入并非 OKR 的原意，而是易万公司根据自身特
点所做的改良。

因此，易万公司正是通过对 KPI 过往运行实践中弊端的反思
和对 OKR 解决弊端的期待来推行此次管理方法变革的。

在易万，OKR 的制定过程基本上遵循了透明化的大原则，具
体如下。

公司最高层领导者会先拟定自己的 O，然后通过各种渠道全员
沟通，其他人再自上而下分解出自己的 OKR 目标。

　　大老板定了 OKR 之后，他是要跟全员去沟通的。以前比如说一个部门的老板他什么任务，其实你们不知道。他就可能会双倍或 20% 的加码，然后再分给下级员工。但是 OKR 的流程中，公司大老板，他的 OKR 是全公司的发展（目标），他是自己给全公司讲过一遍的，可以到现场去听，也可以通过视频直播的方式听，或者也可以通过线下回顾的方式。大老板的 O 定之前会在高层中讨论。但是他定下来之后，就不改了。而是跟全员同步，所有员工就会知道，我们公司今年的 OKR，我们公司今年的目标是什么。

　　他把自己的目标，跟大家所有人同步之后，所有员工都知道了公司的工作目标，大老板的下面一级就要根据大老板的目标，去定自己的 OKR。比如说，老板说，你的商业收入，要良币驱逐劣币，要达到多少亿营收或者增长多少，那这个就是商业部门的 O。那商业部门负责人就既要看数的完成，又要看怎么驱逐劣币。所以在他的 O 里面，就要体现这个内容。他定了之后也要和自己部门内部的中级管理人员沟通，看这个有没有可行性。是不是我太冒进了或者太保守了。这样就会——至少会有一个很好的公司上下的沟通，使得大家目标是一致的。原来 KPI 更多的是分配任务，公司今年要一千亿，那分到你部门多少，就是一个数据的拆解。现在就更多的是除了数据之外，还要有公司文化，还要有战略目标的拆解。

　　到了基层员工，比如说我也是有三个 O。一方面量化成分会多一些，另一方面并不是每个人的 O 都会支撑到公司的总目标。比如说，一个行政，你怎么支撑它？这些事务性的工作，其实可以不用跟这个有关。（易万商业产品部门资深员工访谈，2019 年 3 月）

　　从 OKR 的制定过程来看，其与 KPI 的自上而下逐层分解逻辑仍然是一致的，而在目标设定时的沟通方面只强调了与同级别相关人员的讨论，将讨论的范围限制到了一个最小的范围，目标确定后的沟通范围则是扩大的，但此时已经不影响目标本身了，仅是一种告知或指导的作用。同时由于最高管理者的 O 中将"良币驱逐劣币"的企业文化纳入，也使得其成为组织内整体需要完成的一个共同重要目标。

目标确定之后，要如何考核呢？

OKR 是会细分的。定一个年度的 OKR，然后你会拆解到一个月。每周汇报，每个月都要回顾。不是说我定完一个目标就完了。比如我们团队领导就会根据自己的 OKR，要求他下面的团队领导就 OKR 中公司的重点方向，和他的 OKR 有关的摘出来，让他们做重点汇报。（易万商业产品部门资深员工访谈，2019 年 3 月）

从这里可以看到，OKR 方法回顾和调整的灵活性与敏捷性在易万被充分保留了，甚至较理论上更为细致，不仅正式回顾以月为单位，在每周也要做进展汇报。从工作压力的角度来看，一方面频繁地回顾较 KPI 时期增加了员工的额外工作量，另一个方面以周为单位的汇报，是一种来自组织的监督和控制压力，也是工作压力水平提升的来源之一。

在目标完成方面，易万仍然遵循了 OKR 的理论设计。

其实是在 OKR 里面，他的目标设定确实不是完成所有的。比如说产品团队有一个目标需要有人做前瞻市场研究分析。其中的一个 O 就是互联网的重要赛道不可错失。就是要求那个团队对互联网的新兴业态或者新的玩法要及时地跟进，都不能错过。但实际上这个目标，你很难保证 100% 做到。但这就确实是一个重要的任务目标，就是要随时监控。所以这件事情目标的完成度，给他们定了 70%。就不是 100% 一定能做到，因为很难。

（与 KPI 比较）我觉得至少你的想法会变化。原来 KPI 更多的就是，要研究具体行业的发展，一个月要给几份报告，或者参加多少会。原来的 KPI 都是具体的，但是从来不会有描述性的 cover 互联网重要赛道。你会在脑子里把这根弦至少给绷紧了。原来就感觉好像所有的人在做具体的事务，要不就是销售额，要不就是用户量，要不就是你的具体的报告产出有多少。（易万商业产品部门资深员工访谈，2019 年 3 月）

这个目标不必全部达成，以 70% 为佳的理念被易万保留了，希望以此促发员工挑战和成长。但同时也带来了"在脑子里把这根弦至少给绷紧了"的随时调整、监测和努力的压力。

由于易万的 OKR 方法是以替代 KPI 考核的功能出现的，因此 OKR 还必须具备可以进行量化考核的功能，从易万的实际操作来看，一般 OKR 中 O 的制定是依从定性和描述性，而 O 对应的 KR 也即关键结果则是量化和定性兼有的。

就是到了具体的执行层面，标准是量化的。比如说，我们做出这个，我们会明确地说，2 月份整个医疗行业都完成落地托管。就是说医疗行业的客户，必须实现了先审后上，所有的内容都在我们的管理之下，那可能 6 月份，我们就跟另外一些高风险行业，比如说家电维修、物流来进行。

所以，OKR 不是完全不要定量，（它）也要。其实有一些定量的。只是说，它要的不仅仅是定量，可能还要符合文化，在你的价值观的基础上我们再去做定量。（易万商业产品部门资深员工访谈，2019 年 3 月）

当然这么做不仅是将企业文化和价值观落实，在过程中实际上是想要解决过去部门间由于 KPI 差异所造成的利益冲突。

　　对于老板来说，就对应了他一句话，就是驱逐劣币。我们承接下来是一个很具体的动作。对于企业的审核部门来说，他现在在做医疗整体落地监管。医疗企业的网站内容我们要审核，要一直监控，不可以由他们自主变更，因为他们一旦私自改了内容，可能就会有不利于消费者的不好的东西。给我们看的时候，是一套好的东西。过两天或者半夜，他又改成了不好的东西。这个就是我们的角度，去驱逐劣币。但是在销售部门，他们的重点还是说，我要完成多少业绩，但是他们完成业绩的前提就变成了，在审核部门更严格的审核的基础上，通过运营的手段更好地维护这些医疗企业客户，也就是在我们管理手段升级之后，他还要再做销售目标。

　　（这样来看）其实里面还是有矛盾，不会因为方法的改变（而改变）。但是以前我的目标可能更多的是跟销售是区隔的，是要帮着公司一块完成这个销售收入。所以如果有一些问题，有些什么矛盾，可能我们是帮着他一块抹平，我们会帮助他一起处理。不像现在，我们要做的是把那些不好的给赶出去。在这个基础上还得去做收入。（易万商业产品部门资深员工访谈，2019 年 3 月）

　　企业文化和价值观在 OKR 中的嵌入，使其成为工作目标和绩效考核中的重要部分，确实有利于企业文化的落实，也在一定程度上特别是形式上和策略上有利于协调各个部门的工作。但是也正如这位员工所讲，在实际运行过程中监管审核的部门和销售部门是存在本质上的矛盾的，虽然二者都认同严格的审查和监管有利于公司业务的长远发展和健康增长，但也不得不承认监管与销售业绩在短期内是成反比的，而这种对业绩的抑制最终会体现在对销售员工的业绩考核上，使其损失部分薪酬奖励。因此，可以看到，OKR 中文化目标虽然有一定的作用，但也有其局限，因为实践时间仍然比较短，效果仍未显现，因此这还是易万目前尚未解决的。

在绩效考核方面，由于易万采用的是全面去"KPI 化"，因此要在既有 OKR 的使用基础上，将回顾和考核结果与绩效直接挂钩。

> （KPI 中原有的绩效等级区分方法）这个没变。但是现在不是用一到五打分了。现在是用 S、M、L 来代替原来的 1～5 绩效等级。（易万商业产品部门资深员工访谈，2019 年 3 月）

易万对应于 OKR 中量化指标的完成程度，为员工的绩效等级分级，这种做法与 KPI 时代本质上是相同的。从 OKR 理论上的设定来看，不推荐将 OKR 的完成结果与绩效直接挂钩，以防消解了 OKR 方法中鼓励尝试、成长和创新的取向，但企业管理要求一个必要的绩效考核，在 KPI 全面弃用的情况下，易万选择了这样一个折中的办法，虽然由于时间尚短，目前难以确定执行情况，但目标制定的保守性势必会成为 OKR 与绩效直接挂钩的潜在后果。那么 OKR 在鼓励尝试和创新方面的作用又能够保留到什么程度，这个问题则需要在后续研究中持续关注。

1. 易万 OKR 方法的特色

从以上对易万 OKR 管理实践过程的介绍，可以看到易万在践行 OKR 方法方面并非机械地执行 OKR 的原初设定，而是结合企业需求进行了调整，主要体现在以下三个方面。

第一，将企业文化和价值观嵌入 OKR 的目标当中。在 KPI 时期，易万就试图将企业文化结合在 KPI 体系中，使其能通过绩效考核落实到员工的具体工作中，但是由于在 KPI 中占比较小，且无法量化，绩效考核的重点仍然聚焦于各项数据上面，最终执行的效果并不理想。而通过利用 OKR 中本来是为挑战和创新所保留的非量化的文字描述性目标的契机，易万将自己的企业价值观作为一个企业整体目标（O）传达给所有员工，使其成为所有部门和员工绩效考核中相关设定的一个重要目标参照，从而最终使曾经难以落地和操作化的文化得到更好的践行。

第二，将绩效考核与 OKR 直接挂钩。由于更提倡定性的目标和为挑战留有一定空间，OKR 方法在一般情况下是不提倡与绩效考核挂钩的，但易万鉴于 KPI 的积弊，希望通过更彻底的方法变革推动内部改变，因此全面"去 KPI 化"，这样一来 OKR 就不得不承担起与绩效考核关联的功能，为此易万也作出了一线员工的 OKR 更加具体和可量化的调整，但这仍然不足以抵消其对目标制定将偏于保守的结果的影响。

第三，将 OKR 的灵活性和敏捷性在组织内普及。易万的战略已经从 PC 端产品为主转向以移动端产品为主，但敏捷工作方法毕竟只涉及部分与产品开发有关的职位，其他职位则仍然沿袭旧有节奏。OKR 目标设定周期和汇报、回顾和考核等一系列过程，统一了组织内部工作周期和节奏，使组织整体更加适应移动互联网时代对工作敏捷性和灵活性的要求，使敏捷和灵活成为企业组织运行的主要特征。

2. 易万工作压力的变迁

在 OKR 方法施行下的易万，其工作压力是否与 KPI 方法时代有显著的变化？

从 OKR 本身来看，敏捷和灵活的工作节奏本身即是工作压力提升的来源，工作目标设定中对挑战空间、创新的偏好和对企业文化落地执行的强调，虽然有利于员工成长和企业发展，但仍然是一种工作压力增强的促进路径。同时，工作目标中的透明化和对个体间、部门间协作的需求也将使部分员工面临沟通工作量陡然增加和配合其他部门工作的需求的增长，理论上看这都将带来工作压力水平的提升。

但是，从员工的行为和感受两个方面来看，目前对员工的工作时间仍然没有太大影响，大部分员工仍然是改革前的工作节奏。

工作任务方面也还维持在可完成的状态，并没有导致明显的加班和工作量的提升。由于 OKR 方法在该公司实行较短，且本次调查覆盖人群有限，因此这个观察结论不排除是暂时的和有偏的，但企业运行的惯性对新方法的消解也仍然是存在的。这方面的影响仍然需要后续关注和讨论。

二 移动互联网本土创业公司的 OKR 与工作压力

那么 OKR 方法在以移动互联网产品起家的第二代本土创业公司那里又是如何实施的呢？本部分选取了两家在各自领域都相对成熟的公司，并分别介绍它们的 OKR 及工作压力机制。

1. 移动互联网公司的 OKR 实践

A 公司创办于 2012 年，以数据挖掘与个性匹配的新闻资讯客户端（APP）起家，是国内移动互联网领域成长最快的公司之一。截至 2018 年底，A 公司日活跃用户数量超过 6 亿，月活跃用户数量超 10 亿，且积极布局海外发展，产品跨几十种语言，海外日活跃用户数量已经超 3000 万。且围绕社交与娱乐，形成了一整套移动互联网产品体系。

B 公司是一家主要从事零售科技服务的企业，同样创办于 2012 年，已于 2018 年上市，主营业务是移动支付和互联网零售的一站式解决方案。2018 年 B 公司全年营业收入为 5.86 亿港元，较上年增加了 229.3%。并以与 BAT 平台合作的方式，获得了移动互联网重要的流量入口和获客平台。

因此，两家企业目前都已经成为移动互联网领域崭露头角的成熟组织，基本已经摆脱初创时期的困境，进入了稳定发展时期。同时，最重要的是这两家公司都在实行 OKR 目标考核与管理方法，这也是移动互联网领域企业管理的主要趋势。

其中，A 公司的 OKR 具体实施规则如下。

A 公司 OKR 其实已经区别于传统意义上的 OKR 了，传统意义上的 OKR 只是说设定能力达不到的目标才行，比如你设定的 5 个指标，OKR 只能达到最多 70% 就 OK 了，但 A 公司的 OKR 不是的，它其实就等同于 KPI 了。每双月去更新一个 OKR 的目标，然后对上个月的结果进行打分。它不会说这个事情你能做到还是不能做到。基本上跟 KPI 差不多。它就是为了实时记录你双月的一个进展，然后作为绩效考核的一个依据吧。（A 公司员工访谈，2019 年 3 月）

因此，A 公司的 OKR 管理与易万一样是在理论设定基础上改造的，与易万全面去 KPI 化相同，A 公司的 OKR 管理并非仅仅作为工作目标的局部管理体系，而是从目标设定到业绩考核的全体系管理系统。具体从节奏上看，OKR 的回顾是以双月为单位的，这一点与 A 公司移动互联网产品开发的敏捷性相匹配，目标设定则抛弃了原本的激励创新空间而以目标的百分之百完成为基础，同时在绩效考核方面，也将 OKR 的完成结果与业绩直接挂钩，这样一来，虽然考核指标更加明确，但同时会产生 OKR 目标偏于保守的倾向。

B 公司的 OKR 具体实施规则如下。

每个月 OKR 都是自己定，一级一级往下分解，比如 B 公司上半年的 OKR 整体上有 5 项，这里面可能与技术相关、销售相关、产品相关，那产品相关的人就会对着这个目标看，老总说了今年上半年我们要卖两万个订单，那产品就会说我今年上半年最大的目标就是要给公司创造两万个订单，就开始分解。其实不是自上而下压，但是其实你只要看到上面的那个 OKR，你就知道你自己应该承担多少。实际上大家定 OKR 的时候每个人就会想能够承担更多的职责，因为你承担的更多，你在这个空间里面得到的机会就更多。（B 公司员工访谈，2019 年 3 月）

单纯从 OKR 的设定来看，B 公司的选择在目标设定、绩效考核等方面与 A 公司是相似的，所不同的在于 B 公司的回顾以月为单位，节奏更加紧凑一些。总体来看，二者基本一致。

2. 移动互联网公司的工作压力机制

但是，在两个公司内部 OKR 并不是驱动劳动者工作的唯一策略，还包括企业文化和劳动过程中的管理控制。

在企业文化方面，两个公司的具体表现如下。

> A 公司发展太快了，就逼着你也要去很快成长，真是人手完全不够。招人基本上把北京的相关职位都挖遍了，但是因为用人要求高招不上来。一个是要求特别好的背景，首先就是学历上，一定是"985""211"，再不就是海归，另外呢，要求公司背景最好大厂（大公司——笔者注）出来的，第三个就要求软性的东西，面试的时候这个人得符合公司的风格，比如说情商很高、很会处理问题啊。很久很久反正不会进来几个人。从上到下设的格调太高了。他们是通过这样的标准找到过一些好的人，然后这些人加入之后的表现是非常好。招进来的人普遍自我要求都比较高，都比较自觉。
>
> 大家都是这个样子而且他的文化要你在这些精英当中脱颖而出，不断拓展自己，自我提升，所以标准会越来越高。公司有 OKR 制度，那你业务目标下降到团队，再下降到个人，这个量本来就是有一个起点，其次通过绩效奖励去激励大家，让大家看到说，表现好的人，也就是主动承担责任的人，真的是有很好的回报。公司也会提标杆之类的。你看到别人通过努力确实有结果，那你可能也会去努力。（A 公司员工访谈，2019 年 3 月）
>
> B 公司实际上有这样的体系，不纯是 OKR。我们所有的绩效是这样的，OKR 的结果还要再乘一个 POSER 系数，是内

部的管理体系，是比较新鲜的东西。POSER 就是从五个维度来判断人的价值观和工作意识。

P 就是 professional，叫更加专业，但是我们在判断一个人的时候不是看他专业不专业，而是看他是不是愿意让自己变得更加专业，说白了就是是否主动学习，是否让自己不断地进步。O 是 ownership，主动担当，比如你的 ownership 不好的话，当有事情需要承担的时候你要往后退，ownership 好的人你就会发现他其实定任务的时候，他首先是看公司需要做多少，而不是说我自己想做多少。他在去看整个公司的事情，比如他三点钟就把这个活干完了，他甚至跑到别的同事那里问需不需要我帮忙，有没有什么事情需要我协助，这是 ownership。S 就是 service，诚意服务。不管是对于客户的服务还是对于自己部门同事的服务，还是对于跨部门同事的服务，当有别人主动找你寻求帮助的时候，你是不是真的用心去帮他，还是说有人找你你就嫌烦，觉得这跟我的 KPI 没关系，能推就推掉。E 是协作执行，executive。执行力有两层，第一层是说当你认同公司战略使命的时候，你是一往无前地做这个事情的。第二个层面是说当你不认同的时候，你要第一时间进行反馈、表达，而不是你不说，你不好好干。R 就是 result，创造并获取价值。我们这里说的结果也不是英语单词表面的意义，R 实际上并不是看结果，因为结果已经通过你的 OKR 呈现了，你自己给自己定了一个目标，这个周期结束的时候你就已经有结果了，R 看的是你追求结果的意识。

这五个维度其实我们都有解读，公司自上而下，从一开始成立它就有公司文化的解读。（B 公司员工访谈，2019 年 3 月）

我们得把共同价值观这个很虚的事情，做得更实。如果某个季度实在太忙，这个季度 OKR 考核省了，也许可以接受，但关于价值观的考核绝不能省。（B 公司高管公开发言的网络资料，2019 年 1 月）

因此，A 公司的 OKR 管理是被企业文化以间接的方式助力的。虽然 OKR 管理中并没有具体测量和体现企业文化和价值观的指标，但是 A 公司主要以招聘作为将企业文化维持在一个相对稳定维度上的重要途径。而招聘标准中最好的教育背景和最好的工作经验两条具体要求实际上体现的是企业对互联网精英文化的认同与传递，认为这两条是员工的进取意识、良好工作素质的重要保证，同时将"优秀"的精英聚集在一起，由于企业设定的职业发展和薪酬奖励的资源有限性，会自然引发个体间的竞争，且竞争的起点也将随之水涨船高。因此，企业基于招聘和晋升等人才发掘成长的需求而建构起精英文化—竞争文化，从而作为 OKR 实施的企业文化保证。

B 公司的企业文化则选择直接嵌入对 OKR 结果的干预上，也即在 OKR 分数的基础上，乘以一个企业文化系数，这样就使得客观 OKR 的目标完成和主观企业文化的认同同时体现在最后的绩效考核中。而从这个企业文化系数的内涵来看，主要意在促使员工自我挑战和成长，促发进取意识和协作意识，也即测量客观结果之外的主观工作态度。

从企业文化的作用来看，两个公司的差异在于 A 公司的企业文化干预在前，通过人才选拔的筛选机制保证互联网精英的进入，从而自然地保持组织的精英文化和竞争意识，企业在这方面并不直接测量，而是以 OKR 的达成为主要测量指标；B 公司则是企业文化干预在后，其在招聘中并不特别强调教育背景和工作经验，而是注重在工作中培养劳动者的挑战、进取、协作等方面的工作态度，并在 OKR 执行过程中将企业文化作为重要系数嵌入 OKR 系统中，成为绩效考核的重要影响指标。而两个公司的目的则是一致的，希望通过企业文化策略将企业实践中的 OKR 用于直接与绩效结合而产生的偏保守的问题。也正是从这一点来看，OKR 和企业文化并非组织中随机产生并相互隔离的体系，而是组织整体管理体系中的有机组成部分。

除此之外，组织管理体系中另外一个有机组成部分就是劳动过程中的管控。在 A、B 两个公司，具体的表现如下。

　　A 公司从工作天数来讲，我们这边就相当于是强制的一周六天，一周五天。单周双周这样子。公司其实把它作为一个固定的工作时间，但是从用工风险上做了一定的规避。签合同的时候，把工资分成基本工资和绩效奖金，基本上是六四分，60% 的基本工资，40% 的绩效奖金。这样如果你在周末有一天上班，在加班的话那公司不应该是双倍的基本工资吗，所以它是你正常月薪 60% 的基本工资的双倍，也就是你月薪的两倍。

　　反正你如果这天来的话，它给你算正常的加班不说是强制的加班，公司给你发加班工资了，而且是按照双薪发的。不来的话也不扣工资，但就会让你请假，请一个积分假，系统如果有记录的话势必会影响你的绩效考评。

　　另外一个就是早晚的时间和强度上。之前在其他公司的时候，那时因为我们是创业公司所以比较忙，再加上自己比较自觉，工作到九点已经算是极限了我觉得。但是这边的话我基本上从早 10 点到晚 10 点。在合同里边说上班时间是弹性的。正常是早 10 点到晚 7 点。如果来晚了，你自动顺延就好了。但是我们公司规定 10 点之后打车有报销，它通过这个去限制你；另外就是已经形成了一个文化习惯，大家不到 10 点都不会走。当然最重要的是，一天真的是太忙了，你可能干到 10 点还干不完。就是活儿太多，人手永远不够，公司发展太快了。（A 公司员工访谈，2019 年 3 月）

A 公司由于发展速度快，个体劳动者本身已经担负了较大的工作量，在此之上公司也对劳动过程从劳动报酬、集体压力和福利待遇等方面进行了控制，公司用基本工资和绩效奖金来区分正常上班和加班的薪酬，同时更针对加班薪酬设立了考勤机制，从而使加班不仅影响经济收入，更影响长远的职位晋升；同时，也设计了只有晚上 10 点后打车才会报销的企业福利规定，以此作为限制也作为奖励来延迟员工的下班时间，对比之下这个规定在易万公司的时间节点则是晚 8 点。最后，除客观原因之外，主观文化意识也成为企业员工加班的驱动力之一，当晚上加班成为大多数人的选择时，集体的压力也使得员工难以从中脱身。

我们 B 公司内部所有的会议、培训、团建必须要安排在非工作日，因为工作日面临的最大问题是客户的各种质询、投诉，如果客户需要服务，你培训或开会就会掉链子（没法及时回应客户），所以都是周末团建或者周末去培训。我们是做客户服务的公司，所以我们的要求是说客户上门不允许你做其他的事情。再说我们认为团建之类的本来就不是工作。同时，也要求技术团队开发重要项目要实行"996"（早 9 点上班，晚 9 点下班，一周工作 6 天）。

年底的时候有末位淘汰的，比较人性的是淘汰补偿按法律规定都给了，但是只要是末位淘汰，跟按比例裁员很不一样，所以末位淘汰的人是心怀怨气的。（B 公司员工访谈，2019 年 3 月）

B 公司在福利待遇方面同样存在着晚上加班打车报销的规定，时间则是晚上 9 点 30 分以后，只有周三作为家庭日敦促员工回家陪家人；此外，对工作时间明文干预的主要体现是会议、培训、团建等公司内部活动必须安排在周末，排除团建是不是工作的争议不谈，培训和会议安排在周末确实已经在某种程度上占用了劳动者的休息时间，构成事实上的加班，但与 A 公司不同的是，这部分似乎由于没有体现在正式制度上而没有经济回报——加班工资。最后，最重要的一环是绩效考核制度中的末位淘汰，作为一把"达摩克利斯之剑"悬挂于每位员工的头顶，使其不得不在组织内强竞争环境中全力以赴。

3. 移动互联网公司的工作压力表现

那么，OKR 目标管理、企业文化和劳动过程控制的多重工作压力机制之下，劳动者的工作压力状况如何呢？

工作时间安排

虽然大部分互联网公司与易万公司一样，实行弹性工作制，也即大致规定一个上班时间，但不打卡不考勤。但从两家案例公司的实际执行上，公司员工的上班时间和加班时间却与弹性工时制的初衷背道而驰。

> 24 小时给你安排任务。这就是 A 公司的风格，我们有个内部沟通工具，反正就是你必须得随时在线。你下班了也要及时去响应问题。你可以不看，你不看的后果你会看到跟别人的差距，别人说什么你都不知道，他们可能半夜还在讨论工作。不是要求，就是一个默认的文化氛围。我老板经常晚上 2 点上线去说什么事情。就是你看到你老板能做到的时候，你就觉得你应该也能。
>
> 因为我记得我同事怀孕肚子很大的时候，我们有一个很重要的项目，还让她晚上 11 点在公司开会呢。就是说其实怀孕也没有优待，只不过大家在话上说说，实际上是没有办法执行的。（A 公司员工访谈，2019 年 3 月）
>
> 你昨天晚上加班了，第二天早上晚点来，不会批评你。只需要晚下班的时候发个消息说今天结束晚了，明天早上睡个懒觉。第二天有事的话，把事安排好就行，比如让同事把这个事解决了就行，确实是弹性，这个没有人去说。至于你中午加班不加班、晚上加班不加班，取决于，第一个是这个活你要干完，如果你下午 3 点就干完了，那你下午 3 点干完就

走。但是一般来说这个氛围里面就算你干完活了，很少会3点就走，因为你可能会找活干，因为你找活越多你所呈现出来的成绩越好，你在这个企业里面的发展、晋升就会越好，不需要别人压你。

（提到最近业界批评互联网公司"996"的加班）大家内部还开玩笑说网上的"996"纯粹是造谣、诬蔑，我们明明是"997"，为什么说我们是"996"呢（笑）。实际上我们很多时候大家都没有这个概念。你想这个公司平均年龄二十六七岁，大部分人没有结婚没有小孩，客服周末也在公司打电话，没有人逼他。（B公司员工访谈，2019年3月）

A公司以移动时代的内部社交APP为平台，以群体投入和自上而下的行为示范将所有员工裹挟到了加班文化当中，变相要求员工24小时响应企业需求，相对于易万会对生育时期的女性员工有所照顾，A公司却只能停留在表面的言语上，任务需求来了则一样要求深夜开会和响应。

B公司在员工经常加班的基础上会允许晚到，但前提是不影响工作的继续推进，同时业绩考核和个人发展的制度设定的紧迫性也潜在影响了员工的休息倾向，使得他们即便完成手头工作也要继续工作，即便是法定休息日也仍然坚持"自愿"加班工作。

加班的负面影响

虽然移动互联网公司的员工平均在26岁左右，仍然年轻。但是长期加班已经开始显现出潜在的负面影响来。

有很多影响，身体出状况的人很多。就比如我同事就甲减，还有好多颈椎病，还有痛风的。像我之前颈椎病那个脖子后面根本就动不了，还有好多人，失眠，焦虑，睡不着。（A公司员工访谈，2019年3月）

我没时间，我要是有时间肯定回家陪娃。我就很痛苦，我明天要出差了，前一天晚上刚回来，明天去长三角，这两天在这里开会。（提到了公司周末不出差的一个朋友）他还好一点，他的压力不会像我们这么大。（B公司员工访谈，2019年3月）

从两个公司员工的反馈来看，主要体现在员工身体和家庭生活两个方面。长期加班所造成的体力透支和精神压力使得员工在身体和心理方面都开始表现出比较明显的病理特征，而工作时间对家庭生活时间的挤占也造成了员工与家庭成员之间的疏离和愧疚，给员工在客观身体健康和主观幸福感受两个方面都带来了重要影响。

然而更严重的还在于，此种趋势仍将长期存在。

他不会脱离（加班工作氛围），老板说过一句话，上市之前，这个工作制都不会变，好像消息是说今年（上市），他的想法是我们通过这样的节奏，这样的努力，才达到这样的成绩，我们不能松懈。

就是"80后"这帮人特别拼，因为这帮人有一些来得早，他位置也比较高，期权也很多，他不得不拼。"90后"以后这帮人，也非常拼，但是他们拼的目的不一样，他们拼的就是想说给自己升职，以后我出去好跳。（A公司员工访谈，2019年3月）

但是上市之后就会有好转吗？

我们要帮助每一位重视产品和服务的客户成功。其实它是一个没有边界的概念，也不是说我要帮助一万个客户成功，也不是说我要帮助十万个客户，其实你永远都不会有结束的，所以这个东西跟上市没上市没关系，你要服务更多的商家，开拓更多的商家，它其实不会有停歇。但是你服务的内容也不一样，产品有些开发新功能，软件的功能，线下的服务、培训，各种论坛的组织、交流，实际上这个事情是没有终点的。（B公司员工访谈，2019年3月）

从已经上市的B公司的经验来看，上市只是另一个挑战阶段的开始，一旦企业树立起固定的工作节奏，就很难再被改变。这一点从易万公司想要向移动互联网工作模式转移却收效甚微的角度来看在本质上也是相同的。也就是说，加班并非为了实现一个明确而具体的工作目标，而是正在成为移动互联网时代一种普遍的工作方式。

4. 易万公司与移动互联网公司的比较

总体来看，虽然易万公司已经意识到要通过OKR管理变革而向移动互联网的管理控制机制转变，但是在工作压力方面的表现，二者仍然存在较大差异，主要的表现是相对第一代互联网精英公司，第二代移动互联网创业公司的工作压力水平呈现出持续大幅攀升的特点，主要体现在以下两个方面。

第一，工作时间方面。移动互联网公司的加班时间的特点是"24小时响应"和"996"式的加班，其工作时间已经远远超过了易万公司的日常安排。易万公司仅在特殊重大项目时期才会存在此种工作时间，而非移动互联网A、B两家公司的常态化。

第二，性别机制方面。在易万公司，尚且会基于社会文化传统对女性生育角色的安排而对生育后的女性员工有一定程度的"照顾"，使其有顾及家庭的余地，虽然会付出一定的职业发展代价和固化传统的性别角色分工，但在某种程度上表现出了企业对员工家庭生活的理解和支持；在移动互联网公司，无论是孕期还是育儿期，在企业加班的机制下都被选择性忽视，也即企业的工作需求绝对优先于员工的个人生活需要，投入、竞争、奋斗等工作需求才是其更加重要的文化理念。

　　既然易万和 A、B 公司已经都采用了 OKR 管理体系，共同的特点是都选择了将 OKR 全面代替 KPI，且与绩效考核直接挂钩，却仍然在工作压力表现方面存在较大的差距，主要的原因在于工作压力并非由 OKR 管理体系单独决定，而是与整体工作压力机制的设定相关。

　　在企业文化方面，相同点在于三家公司都在采用 OKR 的同时设定了具体的企业文化对其予以支撑；不同点则在于，从文化的本质上看，易万公司的"良币驱逐劣币"重点在于对公司产品文化的调整，更多的是集体层面的压力形式，而 A、B 公司的"精英意识"和"POSER 系数"企业文化则侧重在工作要求和个人成长方面，主要表现在对个体的期待和要求。显然个体期待的压力路径的影响程度会更大，效果更加明显。当然，在 A、B 两家公司之间，企业文化发挥作用的机制也存在一定程度的差异：A 公司以精英筛选的方式，通过选择特定教育和工作背景的员工而自然地建构起企业内的精英文化，再通过对精英职业发展的强调，最终形成企业组织内自发性的精英文化——竞争文化，在这方面 A 公司更接近于易万公司等第一代互联网公司的企业文化特征；B 公司则是通过在 OKR 业绩考核机制内部植入企业文化考核系数（POSER 系数），使员工对企业文化的认同、执行程度直观地、量化地呈现在绩效考核结果中，并成为薪酬奖励和职位晋升的重要依据，因此 B 公司在 OKR 中企业文化的考核方面更接近易万公司的方式，即将原本定性、难以落实的文化理念通过绩效考核的方式逐层分解，落实到每个员工的考核当中，成为个体发展的重要依据。相对于 A 公司的精英文化的自发型嵌入，易万和 B 公司的实践中考核的方式体现出的则是企业文化的被动型嵌入。

　　在劳动过程方面，两代三家公司通过 OKR 管理考核的使用都使得工作节奏更适应敏捷开发的要求，工作过程也更加透明可控。

但是 A、B 两家公司却显然对劳动过程的要求更加严格和明确，例如两家公司的打车报销时间均在晚 9：30 之后；易万则将时间定在晚 8 点之后。公开且明确地提出了加班时间的要求，例如 A 公司逢单周的周六加班规定，和 B 公司"996"的上班时间要求，以及会议、培训等在周末进行。这些对劳动过程的控制，使得即便移动互联网公司的劳动者的工作效率与易万公司相同，但在同等效率下极大地延长了工作时间和细化了工作要求，这些举措都使得 A、B 两家公司的劳动者面临更大的工作压力。

三　跨国移动互联网公司的 OKR 体系及工作压力机制

从上一部分对第一代精英互联网公司和第二代移动互联网创业公司之间的比较来看，我们能明确地感知到第二代公司工作压力水平的提升，且通过 OKR 考核体系、企业文化和劳动过程三个方面详细地分析了三家公司各自的特征。然而想要从中体察到属于我国互联网企业的本质特点和本土化趋势，仍然需要将其与国际主流移动互联网公司相比较。基于此种考虑，本研究选取了一家在美国创办、新近在我国开设中国分部的移动互联网独角兽公司作为主要的研究对象。具体情况如下。

C 公司于 2008 年在美国成立，是共享经济第一批发展比较成熟的公司，其业务涉及 200 余个国家和地区，总部设在美国。2016年底，伴随中国营收所占比例的迅速提高，C 公司设立了中国区办公室。无论在美国还是在中国区办公室，C 公司都在实行 OKR 考核管理体系，因此也具备与前面三家公司比较的基础。同时，从本质上讲这是一家真正意义上的美国公司，而非仅仅由其投资。在本部分，我们将首先比较其美国总部和中国区办公室之间的异同。之后在此基础上进行国别比较，以呈现工作压力机制的本土特征和发展趋势。为了便于对比中美两国的办公室，本次访谈选择的对象是经常往返于两个办公室、比较熟悉两边情况的 C 公司员工。

1. 跨国移动互联网公司的 OKR

在 C 公司，无论是位于美国的全球总部，还是位于北京的中国区办公室，在管理体系和企业文化方面是一致的，因此两地办公地点使用的都是 OKR 目标管理方法。

我们其实也是用类似于 OKR 的东西。我们会写一些目标，就是和 OKR 那些指标一样，我们的考核周期是以半年为一个周期的。但是这个半年里面，你需要在半年开始之前，考核一个周期之前，需要把你的目标都写出来。我希望在这半年里面，做一些事情，比如说我要做春季特惠，我还要做甩卖，我要把我的想法列出来。但是这些想法在确定之前，需要跟经理聊，要让他同意这个想法，或者看他有什么反馈。觉得有哪些项目是可以做的，或者有哪些机会是可抓住的。他在帮助我找机会，经理非常重要的一件事情，就是帮助下属找机会。

我们老大定的目标就是当年我们要 3.5 倍的增长，但是具体怎么细化，就是你自己的事了。你参加哪个项目，完成什么样的目标自己定。我定这个目标，其实也是根据老大的目标细分下来的。但这边真的目标就是数据。我们在做一个项目的时候，都会做实验，做分析。比如说改一个颜色，我们就要衡量改变这个颜色，究竟会影响多少订单和客户，这个东西都是可以算出来的。数据这方面，这边做得非常非常细。

OKR 任务量的增长，其实中国是作为一个独立的部分。我知道从中国办公室这边下来的任务，就是我们要实现 3.5 倍的增长。这是一个可以量化的东西。上年增长可能是 1.7（倍）。反正上年他们只达成了 80%。所以上年的年终奖就按 80% 的比例发的。所以，这个真的是严格算出来的。就是我们年终奖，其实只有一个月工资。但是，这一个月工资就是因为我们只达到了 80% 的增长目标，所以我们就只发 80%。

所以 OKR 的目标真的是可以量化的，实打实的。和这个 KPI 本质上应该是一样的。对员工都是考核。

反正我觉得硅谷这些大公司，数据方面，可能要求都是这样。我们公司不是做得比其他公司好。我觉得他可能是在顶级公司里面的正常水平。但是这个趋势应该在硅谷这边可能都是这样一种做事的方法。（C 公司中国项目办公室员工访谈，2019 年 3 月）

在 OKR 的制定方面，C 公司主要实行的是逐层分解的方法，同时顶层目标的设定是明确的量化目标，其他层级的目标围绕总目标设定各自承担的量化目标部分。在考核方面，同样是 OKR 考核结果与业绩直接挂钩，严格按照 OKR 目标达成的情况进行绩效奖励，而考核则是以半年为周期，相比较来说较为和缓。在整个过程中最重要的体现是企业对量化指标的推崇和严格实践，同时根据员工的观察，这也是硅谷主流公司的通行做法。

那么，在国内企业中特别是移动互联网公司中盛行的文化价值观考核在 C 公司是如何处理的呢？

文化价值观会考核，OKR 目标里面专门有一条。比如对初级工程师的培养。回顾的时候，会考核这个，包括我们参加一些社区的活动。我们运营团队还会每周末的时候举办一些客户讲座之类的，然后公司每周都需要有志愿者，就需要报名，有可能是北京的，也有可能是全国各地的，也是考核这些指标，但这些指标占的比例就没有订单或者营业额这方面大。所以文化价值观这方面也会做，但是这方面没有的话，并不会影响到你拿最高绩效等级。一般来讲，也不会有人做得很差，因为公司中的文化其实做得比较好。（C 公司中国项目办公室员工访谈，2019 年 3 月）

也就是说，在 C 公司虽然也存在名义上的文化价值观考核，但是仅作为一个参考，量化的订单增长才是决定绩效等级的绝对性指标。只要在文化上没有表现得极端排斥，即可通过考核。

同时，对于 OKR 的考核虽然严格体现在薪酬绩效上，但却在绩效考核的淘汰机制方面进行了宽松执行。

> 我听说是应该有（末位淘汰制），好像一直没有实行过。反正我在美国总部这边，因为我们出差跟他们聊，也说是有末位淘汰制，但是听他们说好像也一直没有这样实行过。（C 公司中国项目办公室员工访谈，2019 年 3 月）

2. 工程师驱动文化

在这种情况下，C 公司是以何种特性的文化支撑起 OKR 的实施和公司的有效运转、持续发展的呢？主要的企业文化策略是——工程师驱动文化（engineer drive）。

> 在 C 公司，工程师的职位都是全站工程师，意思就是什么都干。只要技术方面的东西都搞。然后，正常其他国内公司的分法就是每个人只负责一块，比如做前端你就做前端，做后端你就做后端，做数据库就做数据库。C 公司则是从数据库一直到后端，全部都搞。这个玩法在硅谷非常流行。但是，在国内非常不流行，国内还是主张大家各负责一块，然后其他东西也别碰。C 公司的文化还是完全一套硅谷文化。都是叫工程师驱动（engineer drive）这种文化。还是挺不一样的。（C 公司中国项目办公室员工访谈，2019 年 3 月）

3. C 公司的劳动过程及跨国差异

在工程师驱动的文化下，作为工作压力机制中的最后一个要素——劳动过程，C 公司所形塑的劳动过程同样具有硅谷的特点。

一方面体现在分工，正如 C 公司员工在访谈中所讲，工程师驱动文化要求 C 公司工程师不仅要对技术系列的所有工作和工种都熟悉，而且要求其将在国内一般属于产品经理的产品策划和论证以及监控项目流程等全流程的工作承担下来，除此之外，工程师驱动还强调工程师是创新的主要力量。

> 这边在工程师身上，就是工程师自己去推动这件事情。要去找机会，我们要找这样的机会，找到能让公司增长的机会。

在工程师驱动的文化下，劳动过程的分工也与国内的通行做法产生了较大的差异。

> 就是工程师自己去推动这件事情。我们也有产品经理，但是产品经理做的更多的是宏观策略这方面的东西。在具体业务推进这块，他们其实并没有太多推进。而且，这块其实和我待过的所有国内公司都不一样。国内当然业务划分很明确，工程师做好技术方面的东西，产品人家说什么你做什么就可以了。C 公司这边完全不一样，这边都是工程师来驱动这个事情。工程师需要想我们为什么要做这件事，我觉得这件事情一定会导致我们的订单增长。这是我的假设。但是他们就会要求你拿数据来说明这个假设。这时候就体现出来全站工程师的优势了，就是能去数据库里查。我必须找这样的数据。然后去证明这样的想法。之后告诉 manager 这样的想法其实可以行得通。
> 然后，这就是你的一个项目，你觉得这件事情能做，然后你把这件事情层层上报，管理层来决定，这件事情是不是值得去做。然后你就去做，完全就是你来驱动这件事情。你就得想方方面面，就得想这些事情可能牵涉到哪些部门。然

后，我们做个计划出来，画个时间轴，看看我们什么时间，上线一个什么样的东西。前前后后这些事情，你都得去思考。这些事情，作为一个工程师来看，和其他国内公司不太一样，我觉得这边工程师做的很多事情其实包含了一般部分产品经理角色。我们就把很多事情都拿过来做了。（C 公司中国项目办公室员工访谈，2019 年 3 月）

在这种劳动过程分工下，工程师的创新得到认可后，该项目的主导权仍然掌握在工程师自己手里，在过程中工程师所负责的不仅是技术上的全站和产品上的全流程，还需要与项目涉及的各部门进行沟通合作。

我觉得这件事情推动的时候，我这边反复沟通。对方也和别人反复沟通。大家影响就起来了，就可以升。这边要和 Global 一块合作的话，可能会涉及他们的一些，他们来协助你去改些东西。比如说，我们在做一些折扣一类的东西的时候，需要 Global 他们在支付方面提供一些支持。但是支付他们来负责，你和他们提这些需求，他们什么时候能满足你，这是一个问题。他们能不能把你这个支付需求，排到他们优先（事项）里面，这其实是一个比较困难的事情。（C 公司中国项目办公室员工访谈，2019 年 3 月）

因此，与不同部门和不同地区办公室之间的协调与沟通工作就成了 C 公司工程师的另一项非常重要的工作，也成为职位晋升的必备考核要素。

那么如前所述极大地扩展了工程师的职责范围，是否会造成工作压力水平的提升呢？从 C 公司中美两地的办公室表现来看，虽然两地的文化、绩效考核和劳动过程相同，但工作压力的表现却存在一定的差异。

一是工作时间：

中国办公室这边我们其实没有固定的上下班时间。但实际工作时间都很长。我们领导经常半夜两点钟给你发消息，你说你给他回还是不回。

我一般上班时间都是早上 10 点之后。下班时间都比较晚，基本天黑了，然后公司 8 点钟之后打车是可以报销的。我一般最早回可能都是八点钟左右。最晚的时候待过快一点，那会儿谈项目。但是，绝大多数时间是在晚上六点钟吃完饭，晚上八点钟之后回家。回家之后也在工作。

美国总部这边下班就真的没有人了，就是非常现实，我经常到总部出差，待的时间挺长。反正一到下班就剩我们几个出差的在这了。而且他们这边是这样的，他们周三会有个 no meeting day，就是不开会。但是他们就都不来上班了。我有一次出差过去，然后是周三去上班，但是那天只有我在，一点儿都不夸张。中国这边也搞了这个，但是这个实际根本没有推行下去，该有的会议一个都不少。我觉得这说明两边文化还是有比较大的差别。（C 公司中国项目办公室员工访谈，2019 年 3 月）

因此，在工作时间方面，中国办公室更接近于国内移动互联网公司的特征，由弹性工作制转化为持续的高强度加班，一些缓解工作压力的措施（例如"no meeting day"）最终也无法落实推行。美国总部则在弹性工时制的基础上严格遵循工作时间和缓解工作压力的"no meeting day"，鲜见加班，二者对比之下工作加班的情况宽严立判。

二是工作强度：

从工作强度和工作节奏来看，刚才说了中国节奏快一些，就是稍微糙一些。就是美国这边做事情，节奏很慢。比如说我们做一个项目中国这边一个月上，美国这边做一个项目是三个月，三个月才能上。但美国这边做事情非常得细，比我们想的要细一些，抠很多细节。就很多很多数据的验证，假设，像我们可能做的比较糙。我们比他们快，也许这种快节奏，在中国很好。那他们做得慢也是有原因的。

在工作强度方面，中国办公室的节奏同样快于美国总部，更符合国内移动互联网"小步快跑"的敏捷开发策略。但在细节方面，美国总部则更加侧重，在上线之前力求严谨周密，两方面开发风格形成了各自鲜明的特点。

形成如此明显的差异的来源则涉及了几个不同的层面问题。

因为我觉得这班，工作压力还是挺大的，因为身边这帮人其实还挺厉害的，也都很优秀。就是同事之间的压力还是挺大的。其他公司刚刚毕业的那些新人水平可能就很"菜"，但是这边过来都是清北保送的。高考没有参加，都是参加国际竞赛保送过来的。然后上大学期间拿过各式各样的奖。这个文化，办公室里面大家会聊这个，他们中的好多人是校友。他们做事情的时候，你就感觉到，不管是写代码还是经验，都是很强的。我和他们比起来，我就觉得自己好差，感觉自己这么多年在他们面前没有太多的价值。所以中国办公室内部，大家都很拼。大家都想做出点什么，都想证明自己。

另一个方面则是竞争对手比较厉害，就是在 Global 没有竞争对手，只有在中国竞争对手非常的多。中国这些竞争对手，都这样搞。你不这样玩，你怎么在中国立足。（C 公司中国项目办公室员工访谈，2019 年 3 月）

因此，中美办公室工作压力的差异化表现主要是源于宏观和微观两个层面。在宏观层面，中国的互联网产业非常活跃，竞争者众多且往往发展迅速，因此 C 公司在国内的业务想要发展必须追赶并超越众多竞争对手，因此在美国总部从组织内部尚未施压的前提下就已经具备了一个较大的宏观压力环境。在微观层面，中国办公室的精英文化更加明显，在国内移动互联网公司所产生的精英文化—竞争文化的关联也同时存在，因此精英间的竞争所导致的集体压力或同伴压力在组织中自发形成了加班比拼的现象。

　　除此之外，还部分地源于对上级权威的依从心理。

　　　　我觉得可能跟领导有关系，因为我们领导一直在公司待到很晚。他早上 11 点来，晚上一直待到半夜。虽然他不是这样说，但是大家可能也都知道这件事情，他自己也意识到了。所以他现在有时候下午六点钟，该吃饭的时候他就自己一个人出去了，然后八点钟回来。我们问他为什么要这样干，他说不想让大家压力太大，他坐那个地方，大家都不好意思走。

（C 公司中国项目办公室员工访谈，2019 年 3 月）

　　相比较于美国总部公事公办的上班原则，中国办公室的员工对上级的态度更接近于本土公司，虽然在硅谷模式下中国办公室的经理本身有所反思，但仍然难以完全改变这一心理和行为模式。

　　因此，综合来看，虽然 C 公司的中美办公室在相同的 OKR 管理制度、绩效考核和劳动过程机制下，却产生了差异鲜明的工作压力水平表现。因此，这里差异的存在和产生机制更加提醒我们一种本土化的互联网工作模式和工作压力机制正在形成。

第四节　本土化趋势：互联网压力机制的 两种模式比较

　　2019 年 3 月 26 日，一名 ID 为 "996" ICU 的程序员用户在

GitHub（程序员的虚拟工作场所，也是代码托管服务商）上建立了一个名为"996.ICU"的代码仓库，意在控诉我国互联网公司目前盛行的"996"工作制——早上9点上班，晚上9点下班，一周工作6天。短短几天后这一代码仓库即被其他程序员同行以点星的方式表示赞同，数量达到11万之多。

互联网企业和互联网劳动在我国发展已近20年，一贯以教育背景好，劳动报酬高和工作环境好为大众所熟知，为何此时爆发如此大规模的网络抗议活动？同时程序员遍布全球，为何抗议"996"工作制的活动由我国肇始？本章前三节对四家不同类型的互联网公司的分析中即隐藏着可能的答案。

一　互联网技术的变迁

在第一代精英互联网公司与第二代移动互联网公司的比较中，首先呈现的是技术变迁的线索。互联网技术发展到移动端时代，技术开发的方法也随之发生了变化——敏捷开发方法成为主流。敏捷开发的特点是小步快跑，区别于传统开发方式的结构完成后再上线，敏捷开发是先有一个框架，上线之后根据用户需求不断迭代完善细节，因此传统开发的周期迭代的频率是以月或季度来计算的，而在敏捷模式下，迭代则是以天和周来计算。

技术和开发方法的变迁必然要求相关考核方法与之相适应，OKR目标管理方法即是在此种背景下被广泛应用于国内外的移动互联网公司的。易万公司在2019年初全面去KPI化而采用OKR考核方法，也可以看作第一代互联网公司在业务和组织机制方面向移动互联网领域转型的重要策略。其中一个重要的原因就在于OKR的回顾和考核频率更加有利于适应快速迭代的敏捷开发和迅速变化的移动互联网市场。

然而从易万公司OKR投入运作后的前一个季度，我们并没有看到全面采用敏捷方法和OKR考核方法给该组织带来更高工作压力水平的迹象。在本轮"996"工作制抗议中，也未见程序员提及易万公司的工作时间。

因此，技术和开发方法的变迁即便可能带来互联网企业工作压力的变迁，目前来看也并非其中的核心要素，若非如此易万公司的内部调整就将带来工作压力方面较大的变化。

除了技术的因素外，在组织内部的相关工作压力机制中是否存在更加核心的影响线索？

二　企业组织中的两种工作压力模式

在横向比较四家公司的工作压力机制后，我们发现，目前在我国互联网产业中，实际上存在着两种工作压力模式：一种是硅谷模式；一种是本土模式。当我们将易万公司作为第一代互联网精英公司的代表考察其变迁时，会发现目前行业中本土机制的影响力正日益扩大。

从本研究中前一部分对易万公司的背景介绍可以看出，易万公司创办时深受硅谷文化的影响，在组织结构、文化和管理方法方面都效法于硅谷 IT 公司，例如"技术改变世界的梦想"、灵活的工作时间和鼓励创新以及自我实现的工作氛围等。在移动互联网时代，易万公司开始转为向国内移动互联网组织的管理靠拢，以 OKR 和文化考核等为组织内部变革的主要线索。这实际上也正预示着在我国已经出现了两种工作压力模式：一种舶来于西方文化中，另外一种内生于我国的文化背景中。

下面我们从四家公司工作压力机制的各自特点中，尝试总结出此两种类型的工作压力机制。由于本研究已经提出工作压力机制在企业内部主要由绩效考核、企业文化和劳动过程三个因素构成，因此本部分仍然以此为框架进行比较。

第一，硅谷模式。

硅谷模式采用了 OKR 管理方法，将目标进行量化表达，同时将 OKR 的完成结果与绩效考核直接挂钩，绩效奖励直接体现的是 OKR 的完成水平。

　　以工程师文化为源头的精英文化是企业文化的主要特征，更看重员工对企业文化的主观认同，而在绩效考核中也许会设计考核文化的部分，但主要是参考作用，而非核心要素。且文化的考核是以定性而非定量的方式进行，也就是说，更倾向于员工对企业文化的自发认同而非由于考核才得以表现出来的被动接受。

　　在劳动过程方面，仅规定工作时间的最底线，希望以此给予劳动者创新的空间。劳动过程的监控以考核结果为主，较少监控过程，劳动过程中员工自主性更强。工作时间大多可以控制在8小时内，工作节奏较为平稳。

　　第二，本土模式。

　　采用OKR管理方法，将目标进行量化表达，同时将OKR的完成结果与绩效考核直接挂钩。

　　企业文化以鼓励进取和竞争为核心，并将文化的考核纳入OKR的指标中，这一方面需要将本属于定性类型的文化进行定量方面的操作化和数量化操作，另一个方面也使得文化的认同经由指标化和正式的考核制度可以较好地落实到每一个员工的具体工作过程和行为当中，但是不可否认的是这也呈现出一种被动接受的过程。

　　在劳动过程方面，以"996"工作制为主，劳动过程的考核不仅关注结果更关注过程，因此对过程的监控更加密切，使得员工的劳动过程较为透明，自主性较弱。工作时间长，工作节奏快，且员工基于对集体压力的服从，更加倾向于与企业组织内部的上级和大多数同事保持一致的工作过程。

　　从两类工作压力模式的特点比较中我们发现，OKR目标管理方法基本已是互联网产业向移动互联网转移的共识，同时，互联网企业在实践中对OKR进行了两个方面的调整：第一，将OKR的目标设定得更加明确，以量化表达为首选；第二，将OKR的完成情况与绩效考核直接挂钩，从而将企业发展目标和劳动者的薪酬直接关联起来。

在企业文化的处理上，二者则表现出了较大的差异。硅谷模式推崇工程师文化，及其相关的精英文化，认为二者是创新的基础，并且假定此种文化主要来源于员工自身的特质，由其教育背景天然获得，劳动者对企业文化是自发认同而非被动接受的，因此硅谷模式的企业文化在组织中的位置是十分重要的，但却没有体现在考核指标中，只是一个参考因素，体现出弱考核和非量化的特征。本土模式则以企业和员工个体的进取和竞争为核心文化驱动，将文化在工作中的表现和结果作为 OKR 指标体系中的重要部分嵌入 OKR 的考核架构中，并体现在绩效考核的最终结果里，是强考核和定量化的处理策略。因此，相对于硅谷模式中企业文化的处理方式，本土模式更注重企业文化的执行和结果，无论员工对于企业文化的初始态度如何，都将通过考核而使其被动接受并执行。这种方式使企业文化在组织内部推行得更加广泛和彻底，也通过离职和末位淘汰制的方式将不适应和不认同的员工最终排除出企业，以此种方式完成了企业文化的内部一致性目标。

在劳动过程方面，硅谷模式提倡为创新留空间，员工拥有较为灵活的工作时间，本土模式则强调发展和生存的紧迫性，从工作时间和工作节奏方面督促员工不断进取以在竞争中脱颖而出，实现个人的价值和企业的发展。因此，在自主性方面就体现出了两种模式中比较突出的强弱差异对比。

以上三个方面的影响，最终使得本土模式呈现出较为明显的高水平工作压力。在本研究涉及的四个互联网企业中，易万公司在 PC 端时代更接近于硅谷模式，而在移动端时代经过 OKR 等改革开始向本土模式靠拢；A 公司在 OKR 和企业文化上更接近于硅谷模式，在劳动过程和压力水平方面则体现为本土模式；B 公司是几家公司中最典型的本土模式的代表；C 公司的中美两个办公室在 OKR 体系和企业文化方面实行的是典型的硅谷模式，而在劳动过程和压力水平方面美国总部主要表现为硅谷模式，中国办公室则表现为本土模式。两种模式的此种分布在 A 公司和 C 公司的表现体现出了仅关注组织层面的工作压力机制虽然与工作压力水平直接相关，但似乎仍然难以完全充分揭示高水平的工作压力的产生机制，特别是 C 公司的两地表现差异，提醒我们需要进一步关注和分析宏观要素特别是国别文化对工作压力的影响。

三 中国式加班：互联网产业发展中的本土特色

当我们聚焦于 C 公司中美两地团队差异化的劳动过程和压力水平表现时，会发现由于两地在中观组织层面的一致性，最终差异难以用工作压力机制的组织内框架来解释。因此，我们需要考虑组织领域之外的相关影响因素，国别差异即是其中的一个重要线索。实际上，C 公司的劳动者在访谈中也非常敏锐地指出了这一点，主要体现在两个方面。

第一个方面是国内异常激烈的竞争环境。变迁迅速和竞争激烈是具有海外经历的互联网从业者对国内产业发展形势的一致判断，近年来有越来越多的互联网从业者回国发展即充分说明了这一问题，国内产业发展形势好、机会多，但同时也意味着与机遇伴随着的是激烈的竞争。

> （国内）竞争对手比较厉害，就是在 Global 没有竞争对手，只有在中国竞争对手非常的多。中国这些竞争对手，都这样搞。你不这样玩，你怎么在中国立足？（C 公司中国项目办公室员工访谈，2019 年 3 月）

由于国内互联网产业快速发展和激烈竞争，使得即便在更为宽松的硅谷模式下工作的 C 公司中国办公室员工，也不得不赶上同行们的速度，调整自己的工作时间和工作节奏以适应高强度的工作需求，最终在竞争中生存下来。因此，这里主要体现的是国内互联网宏观市场环境所导致的高工作压力水平。

第二个方面，大竞争环境下，会将这种竞争意识传导到个体身上。

> 这个文化，办公室里面大家会聊这个，他们好多都是校友。他们做事情的时候，你就感觉到，不管是写代码还是经验，都是很强的。我和他们比起来，我就觉得自己好差，感觉自己这么多年在他们面前没有太多的价值。所以中国办公室内部，大家都很拼。大家都想做出点什么，大家都想证明自己。（C公司中国项目办公室员工访谈，2019年3月）

虽然同样存在精英文化，但C公司的精英文化也同时与竞争文化相关联，在同质性很强的精英群体中想要做到脱颖而出，想要"证明自己"，当然需要在额外的地方付出更多的努力。但是这种"证明自己"的意识并非个体自然获得的，而是在集体行为模式中逐渐习得的，因此与宏观竞争文化具有密切联系。这同时也能部分地解释A公司在OKR和企业文化上更偏向于硅谷模式，但却在劳动过程和工作压力方面呈现出本土模式的结果。

由此我们发现，在今天我国互联网产业的发展过程中，经过近20年的调整和融合，正在从起源的欧美硅谷文化向更适应本国情景的文化转换。也正是宏观市场发展和文化背景的差异，使得我国互联网产业内的众多公司虽然在组织内部的工作压力机制方面的选择是多元的，却较为一致地表现出工作压力水平的提升，在劳动过程方面也表现出更少的自主性和更强的被管理和监控的特征。

本章小结

本章通过互联网产业内部不同世代的企业对比和不同国别的企业对比，主要归纳了互联网产业工作压力机制作用的三条重要路径。

第一个是技术路径。正是移动互联网对敏捷开发方法的采用，引发了产业内的企业组织在目标管理方法和绩效考核方法等方面的积极调整，从而最终带动了更强的工作节奏和更短的考核周期，这都将导致劳动者在工作中工作压力感受的变化。

第二个是组织内的工作压力机制。经由绩效考核、企业文化和劳动过程的组织内中观工作压力机制分析框架，我们呈现出国内现存的两种工作压力模式：硅谷模式和本土模式。两种模式在绩效考核和企业文化等方面的具体细节安排，在技术带来的工作节奏变化的基础上，在个人工作成果考核和企业文化定量考核方面进一步做出了调整，从而将企业发展压力与员工个人发展压力建立起直接关联，成为互联网劳动者工作压力感受提升的另一个路径。

第三个是本土文化情境。我国激烈的市场竞争环境和竞争文化使得即便在相同技术和组织内的工作压力机制下，仍然能呈现出国别间工作压力的明显差异。这显示出虽然宏观层面的工作压力影响要素通常是以间接和隐性的方式发挥作用，但是却不失为工作压力形成机制中较为重要的线索，值得进一步关注。特别是互联网产业自身的发展路径也越来越呈现出本国特色，国别文化将成为深入理解产业发展和变迁以及预测未来发展趋势的关键路径。这也提醒工作压力机制的相关研究者们，在关注微观个体压力感受和中观工作压力机制之外，仍需进一步将宏观层面纳入分析框架之中。

最后，回到本节最初所提到的"996"工作制的问题，鉴于对以上三条压力路径的分析，如果对宏观市场环境和竞争文化没有进一步的反思和讨论，互联网产业劳动者的工作压力水平在短期内仍然难有较大的改观。也就是说，在相当长的时期内，本土模式极有可能在我国互联网产业中占据优势位置，成为主流的工作压力机制模式。

第九章　总结与讨论

本书主要围绕易万公司狼性文化运动的发展始末，从宏观金融全球化、中观组织制度与工作压力机制以及微观个体层面三个角度，立体描绘了以易万公司为典型的新型互联网工作环境中工作压力的产生与缓解机制，并以此为基础分析和讨论了移动互联网时代的工作压力变迁特征与发展趋势。

基于前面的细节呈现和讨论分析，本章将试图回答研究之初所提出的问题，包括从易万公司案例的角度来看其企业压力典型事件的意义，对现有工作压力机制的总结与反思，以及最后从劳动者的角度讨论工作压力的后果等。

一　易万公司狼性文化运动

从金融全球化的压力宏观作用机制的角度来看，易万狼性文化运动绝非管理层的一时兴起，而是企业组织针对华尔街的压力所发起的应对策略。此策略一经实施，宏观压力经由企业组织层面最终传导到了个体劳动者那里。因此，时至今日对于深度嵌入金融发展链条当中的互联网企业来说，宏观压力源构成了其压力形成机制中的重要维度。

狼性文化运动的实践同样是建基于企业既有的工作压力模式之上的。首先，从意识形态层面即企业文化开始入手，将狼性文化引入企业文化的框架当中，推动劳动者对其讨论和认同；其次将狼性文化进一步落实到企业的管理制度中，包括对劳动过程的重塑（主要体现在劳动时间方面）和绩效评估、薪酬制度等方面；

最后推动企业的产品技术方向的变革，强调移动互联网产品对公司的重要意义，推动相关的技术转向敏捷开发，以及产品研发与转型。

因此，虽然狼性文化运动一直被外界认为是易万公司发展过程中的突发或例外事件，但其运作的本质仍然体现了企业组织工作压力形成机制的主要结构和特点。

那么，狼性文化运动到底在多大程度上影响了企业中劳动者的工作及其压力呢？

从工作要求—资源模型来看，狼性文化运动中对绩效评估机制的调整实际上属于提高了对劳动者的工作要求，而对弹性工作制的调整则限制了劳动者对劳动过程的自主控制；从努力—奖酬模型来看，狼性文化运动一方面继续推动高付出高回报的策略，另一方面则在小团队内部扩大差异化和危机感，后者使得前者只惠及部分劳动者，更多的劳动者则通过与其对比而感受到更大的压力。因此，即使是从理论模型本身来看，狼性文化运动在建构策略方面也存在自相矛盾的地方，这种矛盾也将体现在提高劳动者工作压力水平的后果上。这是此运动在组织内外遭到抵制的重要原因之一。

当然除此之外，源自社会文化的组织内部"差序格局"式的管理行为模式和劳动者基于生命历程的个体特征都成了抵御狼性文化运动进一步影响工作压力水平的重要变量。管理层将狼性文化运动中实行的绩效分布、强制淘汰等政策嵌入其一贯实施的管理行为模式当中，要么"柔性"执行相关策略以保护团队成员，要么将相关政策用于"自己人"与"外人"的利益分配过程，使政策的负面影响主要用于对外人的打压和区隔上。在劳动者个体特征方面，因社会对不同性别、不同生命历程的劳动者的期待不同，部分劳动者在某个特定的生命阶段获得免于来自工作的过高压力的特权，并且此种特权得到了来自家庭、社会、企业组织和个人层面的普遍认同。以上两个因素展现了狼性文化运动在劳动场域被缓解的可能性，也是其并没有引发企业内员工明显抗议的主因。

综上所述，狼性文化运动外生于金融全球化的宏观层面，从工作压力经典理论模型出发，推动探索模型中的理想型工作，实践中建构在企业日常工作压力机制之上，最终则因为其内部蕴含的矛盾和社会文化而收效甚微。

因此，发生在2012年底的狼性文化运动，当笔者在2015年再次返回田野调查时，在企业内部已经基本销声匿迹了，员工们也将其作为久远的回忆，只有在被询问后才会回想起当年的大致情形。

从狼性文化运动作为典型工作压力案例的视角来看，易万公司的案例鲜明地表现出了仅从管理学的角度自上而下地推行某种管理制度的问题所在，组织仅从理论出发而忽略了劳动场域中的本土文化和行为模式，也忽略了理论模型发挥作用所需要的细致而复杂的支持条件。总体而言，在新型互联网工作环境中具有自主性的劳动者和具有本土文化特征的管理实践都是劳动场域中的关键影响因素，对二者的关注和尊重，将有利于企业组织建构相关的管理制度和维系和谐稳定的劳动生产关系。

二 工作压力的形成与缓解

从易万公司的工作压力形成机制可以看到，企业组织基于经典工作压力理论模型，从企业文化、管理制度和技术发展三个方面形成了一个完整的工作压力机制，其中企业文化是工作压力形成的意识形态基础，管理制度是组织运营方面的管理控制手段，而技术发展则是将工作压力最终嵌入劳动过程之中的主要手段。三个机制互相呼应、互相支撑，形成了易万公司工作压力的日常机制。

在宏观层面，以华尔街为代表的全球金融资本则通过强制性结构和博弈性互动两种途径，将其自身的利益与观点通过塑造整体市场规则与环境和直接与企业的互动来影响企业的发展和运营，在此过程中企业组织通过资本运作和改变其日常管理制度来进行应对，从而使得宏观层面的压力源传导到个体劳动者层面。

在工作压力缓解方面，主要有三个线索。第一个是企业采用经典的工作压力模型，试图建构既能够激励劳动者工作也能缓解其工作压力的理想型工作。第二个是企业内部存在的"差序格局"社会文化特征的潜在管理实践，使得中层管理者得以有一定的空间为特定劳动者争取到免于受到高强度工作压力影响的优待，成为组织中消解、反抗高压力事件的重要力量来源。第三个是基于劳动者个体特征和本土社会文化，对处于特定生命历程的劳动者给予免于强工作压力的保护，这方面主要表现在处于生育期的女性劳动者工作与生活边界渗透性的降低，当然在此过程中被保护者也由于"晋升共识"的存在而付出了职业发展方面的代价。

以上即是以易万为典型案例的新型互联网工作环境下的工作压力作用机制特征。

通过对这个机制的剖析，我们发现，企业试图以此作为朝向理想型工作[①]的努力，从而达到提升工作效率，缓解工作压力的目的，并产生激励劳动者的"好压力"。

但是，由于压力模型产生作用需要诸多因素的支持，而复杂的现实情况使得这些因素通常无法完备或时时变动，从而使理论模型的作用难以体现，也即工作压力的缓解很难诉诸理论模型的实践。当管理学从工作灵活性的角度来论述其对缓解员工工作压力的作用时，实践中的劳动场域却发现灵活性也同时提高了工作与生活边界的渗透性，因此使得来自工作的压力更容易侵入生活中，以及生活领域的时间等资源更容易被工作领域所获得。反而是来源于管理策略之外的"差序格局"等社会文化特征和劳动者

---

① 理想型工作指努力—奖酬模型中努力与奖酬匹配以及工作要求—控制模型下高要求—高控制类型的工作。

个体特征，例如对女性员工养育角色的承认，使得管理者在实践中为员工保留了缓解工作压力的一种策略选择。也就是说，宏观层面、组织层面主要是压力的来源，而缓解的机制主要来源于个体层面和社会文化。

但是以上判断仍然有两个问题需要关注。

首先，来自劳动者个体特征的压力缓解机制是与性别刻板印象相关联的。这也就意味着，在一个家庭中，扮演养育角色的女性在劳动场域中拥有一定缓冲空间时，其配偶在同一性别分工模式下，将被赋予更加沉重的"赚钱养家"（breadwinner）的压力，而女性自身也会因为这一期间的缓冲策略而影响其长远的职业发展。可见，虽然性别刻板印象下的性别分工在一定程度上有利于女性在某一生命历程阶段缓解其工作压力，但却是以其自身的职业发展和男性压力提升作为代价的，具有明显的局限性。

其次，女性劳动者工作压力的缓解并不意味着总体压力的下降。本研究的主题围绕工作压力，然而工作与生活之间、个体生命之间是息息相关的，近年来有关于生活质量的研究已经提出，工作质量是处于生活质量概念统筹的下一级概念层级，与休闲领域、家庭生活等共同从属于生活质量框架之下（Sirgy et al.，2001）。从这一线索出发，虽然从工作领域的角度独立看工作压力问题时，女性劳动者存在一定的缓冲机制，但当我们将压力问题扩展到更上一级领域，从一个整体来看生命质量框架下的压力时，性别刻板印象所建构出的性别分工模式的问题将在于工作领域的压力缓解意味着其在家庭领域中责任和压力的提升，从而使得其整体压力感受并不会随着工作压力的缓解而缓解。

基于以上两点，以劳动者个体特征为核心的压力缓解机制确实有其自身的局限性，然而此种局限性并不是来自劳动场域中对某种有需求劳动者的压力缓解机制本身，实际上从劳动者角度来看，工作压力缓解机制的存在无论在理论层面还是在现实方面都有其重要意义。问题主要在于此机制所依赖的传统的、刻板的性别分工，使得男女两性同样被禁锢在社会文化对其所期待的固定性别角色上，从而缺乏选择的空间、发展的资源和支持。因此，当我们在反思工作压力缓解机制在劳动场域中的实际有效性时，需要质疑的并不是这一机制是否应该存在的问题，而是如何将其调整为更为合理和有效的问题。

同时，根据第七章的分析，我们看到新型互联网工作环境下工作压力作用机制与采用互联网技术工作的传统产业、传统工作环境之间仍存在差异，特别是在灵活工作时间问题上，这其中所存在的生产体制特征、劳动者个体特征等多个关键变量是后续研究需重点关注的对象。而这也正说明新型互联网工作环境既有其典型性，也具有特殊性，对工作压力的研究需关注到此特点并继续开展相关的比较研究。

三　好压力？

在对工作压力的讨论中，缓解机制是其中一个重要的话题，然而在此话题背后存在着一个更重要的潜在问题——工作压力的性质问题。

从文献来看，主流研究致力于追求一种理想的工作类型，在此类型中既存在压力的缓冲机制也存在压力的转化机制：一方面工作压力会被压力缓解机制所缓冲；另一方面会存在激励劳动者提高工作效率的好压力。

在之前的讨论中，我们已经充分分析了缓冲机制的组成和问题，而对于"好压力"来说尚未涉及。具体来说，我们需要探讨的是"好压力"到底好在哪里。

首先，从企业的角度来看，在易万的案例中，其压力机制的设计正是朝向一种"高要求—高支持"的理想工作类型的建设，在此种管理制度下，劳动者的工作效率有明显的提升，确实起到了一定的激励作用，因此对于企业来讲确实是有益的。

其次，从劳动者个体来看，高效率的工作会使其获得报酬和职业发展双方面的收益，但却是以一定的代价为基础的。以工作强度较高的技术人员为例。

> 我的颈椎问题比较严重一点。小年轻可能还好点，像我这种（年纪大一些的）就不行了。我现在睡眠就不好，睡眠也是个大问题。反正小年轻的他们熬个一段时间，或者一两个通宵，有的还能行。但是像这种封闭式（环境）里面，确实有时候每天都会忙到——怎么也得 11 点吧，就是长期的一个状态，就是可能一两个月的状态。（易万公司技术部门员工章佟访谈，2015 年 4 月）

从章佟的访谈中可以看到，长时间强压力的加班工作对其健康状况的影响已经有所显现，这一点也将随着劳动者年龄的增长越发严重。另一位年纪较大的易万产品部门员工信易也透露了她目前健康出现严重问题的消息。章佟在访谈中也提到"小年轻可能还好点""反正小年轻的他们熬个一段时间，或者一两个通宵，有的还能行"，从中可以看到高要求—高支持的积极型工作对劳动者身心健康的影响是非即时性发生的，即使是"好"压力，也会对劳动者健康构成长期性的滞后性的威胁。

当然，工作压力和健康之间的关系已经有非常成熟的研究，此处我们不再赘述，本研究要强调的是对员工有激励作用的理想类型的工作，其产生的"好压力"也同时会对劳动者的身体造成影响，并且从案例来看，这种影响具有长期性和滞后性，也即会随着工作年限的延长和年龄的增长而慢慢表现出来，因而会使得"好压力"和身体代价之间的联系很容易被忽视和遮蔽，从而只突出了对企业的益处，而忽视了个体的代价。

因此，当我们使用工作压力的各类分析模型时，对其潜在的理论假设需要进一步的追问和反思。一方面考虑到企业的发展，理想工作类型对劳动者的激励作用必不可少，另一方面如果缺少了对劳动者福祉改善的推动，所谓的"理想类型"和"好压力"都将是空中楼阁，有违研究初衷。

四 "996"中国式加班发展趋势

当然更为严峻的是，经过由 PC 端向移动端的转换，我国移动互联网蓬勃发展的同时，也受到技术、宏观文化等方面的影响，越来越呈现出突破易万公司等第一代互联网公司所尊崇的工程师文化驱动、灵活自主的硅谷文化模式，转向高度竞争和个人发展意识下的严格周密的量化考核的本土模式。在此过程中，我们确实获得了举世瞩目的产业发展成就，在企业发展和行业整体发展方面都大有领先的趋势，但是互联网劳动者们付出了昂贵的代价，使得"996"工作制几乎成为行业内的主流选择，劳动者的个体健康和家庭生活受到了极大的影响。且由于宏观层面的关键影响路径，这一趋势在短时间内难以扭转。

同时，这一研究结论也提醒我们，工作压力形成机制中需要考虑的宏观要素在全球化的金融资本之外，还有在地化的本土文化情景。二者对于组织内的工作压力机制的形成和工作压力水平的影响都是非常重要的，因此也需要成为后续研究的重要分析线索。

五 结语

无论是本书开篇所提到的互联网行业屡屡发生的"过劳死"现象以及新近所流行开来的"996"工作制，还是在最后的数据分析部分所呈现的互联网技术对工作压力水平和机制的广泛影响，无不在提醒我们这一领域正在或已经发生的重大变迁。而通过对易万公司相关案例的研究我们更进一步发现，相关机制绝非单纯的投入—产出的管理考量或刺激—反应的控制策略所能概括，而是技术、组织和其所在的社会制度、文化一起形塑了此时此刻的互联网企业工作压力机制。对易万狼性文化运动的多层面剖析，正呈现了此类机制的复杂性，以及仅从单一维度着手干预而必然失败的后果。

总体来看，以易万公司为代表的互联网企业，其工作压力作用机制中压力源与缓解要素都存在显性和隐性两条线索。显性的压力源来自易万从经典工作压力模型出发，从薪酬绩效和日常管理控制入手对劳动者的工作过程和效果的监管与考核，隐性的压力源则来自华尔街作为企业背后看不见的手，从市场结构和策略博弈两个方面影响企业运营，再通过企业的层层业绩分配与策略实践（例如狼性文化运动等）最终转移到劳动者个体身上；而缓解机制中，显性的要素也主要来自易万从经典工作压力模型出发试图建立的"高效率—高报酬""高要求—高控制"的工作压力理想类型，以高薪酬和高控制来缓解劳动者在高工作压力下的压力感受，隐性的要素则源自本土文化中的人际交往模式和性别分工。同时，易万公司与移动互联网公司的比较分析则提醒我们，当产业发生重大变迁时，工作压力的水平也将随之变化，宏观层面的压力源也应该成为工作压力水平解释的重要一环。

本书的一个重要意图就在于以具体的互联网企业的工作压力案例来呈现工作压力水平的现状和具体运作机制，在此基础上对未来的发展趋势进行展望。这是我们理解互联网企业工作压力机制及相关案例的基础和前提，也给了我们理解整个互联网行业在发展过程中为何总是充满焦虑、不安和急躁情绪的一点启示，更有利于我们理解那些在"互联网＋"浪潮中，横空出世的明星互联网公司，为何又在短短数月间如流星般陨落，只留下愤怒的消费者、茫然的员工和散落在城市角落中的物料垃圾。

这些都在提醒我们，互联网技术和互联网公司虽然为社会和我们的生活带来了很多深刻的变化，促进了经济和社会的发展，但同时我们也需要关注到，在技术与社会更紧密融合互动的过程中，那些潜藏的复杂作用机制和多元的影响要素，它们之间的相互作用可能引发的社会后果和行业代价。

参考书目

〔美〕巴特勒，朱迪斯，2009，《消解性别》，郭劫译，上海三联书店。

〔美〕埃尔德·G. H.，2002，《大萧条的孩子们》，田禾等译，译林出版社。

〔匈牙利〕波兰尼，卡尔，2007，《大转型：我们时代的政治与经济起源》，冯钢、刘阳译，浙江人民出版社。

程志超、刘丽丹，2006，《IT 业员工工作压力因素分析》，《北京航空航天大学学报》（社会科学版）第 6 期。

〔美〕德鲁克，彼得·F.，2009，《已经发生的未来》，许志强译，东方出版社。

都岚岚，2010，《论朱迪斯·巴特勒性别理论的动态发展》，《妇女研究论丛》第 6 期。

范譞，2010，《跳出性别之网——读朱迪斯·巴特勒〈消解性别〉兼论"性别规范"概念》，《社会学研究》第 5 期。

〔美〕戈登，约翰·S.，2005，《伟大的博弈——华尔街金融帝国的崛起》，《经济导刊》第 6 期。

韩博，2016，《互联网企业知识型员工工作压力的认知与对策》，《科技经济导刊》第 2 期。

〔美〕何宛柔，2018，《清算：华尔街的日常生活》，翟宇航等译，华东师范大学出版社。

黄海艳，2014，《绩效评价导向对研发人员的工作压力——工作绩效曲线关系的调节作用》，《科学学与科学技术管理》第 7 期。

贾云竹、马冬玲，2015，《性别观念变迁的多视角考量：以"男主外，女主内" 为例》，《妇女研究论丛》 第 3 期。

〔美〕卡斯特，曼纽尔，2007，《网络星河——对互联网、商业和社会的反思》，郑波等译，社会科学文献出版社。

李惠青、胡同泽，2016，《体验式激励：重塑互联网时代下员工激励模式——以 "i 福励" 忠诚度管理云平台为例》，《中国人力资源开发》 第 16 期。

梁萌，2014，《知识生产中的技术、资本与劳动——互联网劳动过程研究》，北京大学博士学位论文。

梁萌，2015，《知识劳动中的文化资本重塑——以 E 互联网公司为例》，《社会发展研究》 第 1 期。

梁萌，2016，《技术变迁视角下的劳动过程研究——以互联网虚拟团队为例》，《社会学研究》 第 2 期。

梁萌、陈建伟，2017，《补偿还是自主：互联网技术嵌入与工作压力作用机制变迁研究》，《中国人力资源开发》 第 8 期。

林美珍、凌茜，2016，《员工角色压力对工作满意感的影响：组织氛围的调节效应》，《中国人力资源开发》 第 2 期。

马冬玲，2010，《情感劳动——研究劳动性别分工的新视角》，《妇女研究论丛》 第 3 期。

〔德〕马克思，卡尔，2004，《资本论》，中共中央马克思恩格斯列宁斯大林著作编译局译，商务印书馆。

〔美〕尼文，保罗·R.、本·拉莫尔特，2017，《OKR：源于英特尔和谷歌的目标管理利器》，况阳译，机械工业出版社。

彭剑锋，2014，《互联网时代的人力资源管理新思维》，《中国人力资源开发》 第 18 期。

邱雅静，2015，《欧洲工作质量研究的新进展：发展与挑战》，《社会发展研究》 第 3 期。

邱泽奇主编，2018，《技术与组织：学科脉络与文献》，中国人民大学出版社。

盛龙飞，2014，《绩效薪酬对工作压力感的影响研究综述》，《中国人力资源开发》第 14 期。

〔美〕施密特，埃里克、乔纳森·罗森伯格、艾伦·伊格尔，2015，
《重新定义公司——谷歌是如何运营的》，靳婷婷译，陈序、何晔
校译，中信出版社。

石林，2003，《工作压力的研究现状与方向》，《心理科学》第 3 期。

石雨、刘聪、刘晓倩、时勘，2009，《工作压力的研究概祝》，《经
济与管理研究》第 4 期。

舒晓兵、廖建桥，2002，《工作压力研究：一个分析的框架——国外
有关工作压力的理论综述》，《华中科技大学学报》（人文社会
科学版）第 5 期。

〔美〕苏尔斯凯（Lorne Sulsky）、史密斯（Carlla Smith），2007，
《工作压力》，马剑虹等译校，中国轻工业出版社。

汤超颖、辛蕾，2007，《IT 企业员工工作压力与离职意向关系的实
证研究》，《管理评论》第 9 期。

佟新，2005，《社会性别研究导论——两性不平等的社会机制分
析》，北京大学出版社。

佟新、梁萌，2015，《致富神话与技术符号秩序——论我国互联网
企业的劳资关系》，《江苏社会科学》第 1 期。

〔德〕希法亭，鲁道夫，1997，《金融资本》，福民译，商务印书馆。

夏福斌、林忠，2013，《工作特征压力模型：理论述评及其应用》，
《中国人力资源开发》第 3 期。

徐安琪，2010，《家庭性别角色态度：刻板化倾向的经验分析》，
《妇女研究论丛》第 2 期。

许琪，2018，《时间都去哪儿了？——从生命历程的角度看中国男
女时间利用方式的差异》，《妇女研究论丛》第 4 期。

杨菊华，2014，《时间利用的性别差异——1990－2010 年的变动趋
势与特点分析》，《人口与经济》第 5 期。

杨睿娟、元浩然、杨静怡，2016，《信息技术压力对工作结果的影
响：工作疲劳的中介作用》，《中国人力资源开发》第 22 期。

于唤洲、刘杰，2014，《高新技术企业员工知觉压力、沟通能力与
离职倾向研究——基于结构方程模型的实证分析》，《河北大
学学报》（哲学社会科学版）第 5 期。

张莉、林与川、张林，2013，《工作不安全感与情绪耗竭：情绪劳
动的中介作用》，《管理科学》第 3 期。

Allen, Tammy D. , David E. L. Herst, Carly S. Bruck and Martha Sut-
ton. 2000. " Consequences Associated with Work-to-Family Con-
flict: A Review and Agenda for Future Research. " *Journal of Oc-
cupational Health Psychology* 5.

Aneshensel, C. , Frerichs, R. & Clark, V. 1981. " Family Roles and
Sex Differences in Depression. " *Journal of Health and Social Be-
havior* 22.

Aneshensel, Carol S. 1992. " Social Stress : Theory and Research. "
Annual Review of Sociology 18.

Bakker, Arnold, Sabine Geurts. 2004. " Toward a Dual-Process Model
of Work-Home Interference. " *Work and Occupations* 31 （3）.

Berg, Peter, Eileen Appelbaum, Tom Bailey and Arne L. Kalleberg. 2004.
"Contesting Time: International Comparisons of Employee Control of
Working Time. " *Industrial and Labor Relations Review* 57.

Blair-Loy, M. 2003. *Competing Devotions : Career and Family Among
Women Executives.* Cambridge, MA: Harvard University Press.

Blekesaune, Morten. 2005. " Working Conditions and Time Use. " *Acta
Sociologica* 48 （4）.

Burke, R. , & Weir, T. 1976. " Relationship of Wives' Employment
Status to Husband, Wife, Pair Satisfaction, and performances. "
Journal of Marriage and the Family 38.

Campbell, A. , Converse, P. E. & Rodgers, W. L. 1976. *The quality
of American Life: Perceptions, Evaluations, and Satisfactions.* New
York: Russell Sage Foundation.

Clark, Campbell. 2002. "Work/Family Border Theory : A New Theory of Work/Family Balance. " *Human Relations* 53 (2).

Cleary, P. & Mechanic, D. 1983. "Sex Differences in Psycho-logical Distress Among Married People. " J*ournal of Health and Social Behavior*24.

Cooper CL, Cooper RD, Eake LH. 1988. *Living with Stress.* London: Penguin Books.

Cooper, C. & Davidson, M. 1982. The High Cost of Stress on Women Managers. *Organizational Dynamics*10 (4).

Drobnič, Sonja, Barbara Beham & Patrick Präg. 2010. " Good Job, Good Life? Working Conditions and Quality of Life in Europe. " *Social Indicators Research* 99 (2).

Erikson, R. 1993. "Descriptions of Inequality: The Swedish Approach to Welfare Research. " In M. C. Nussbaum & A. Sen (Eds.), *The quality of life.* Oxford: Clarendon.

Etzion, D. , & Pines, A. 1981. "Burnout and Coping with Its Antecedents: A Cross-cultural, Cross-sexual Perspective. " Paper presented at the International Interdisciplinary Congress on Women, Haifa, Israel, 1981.

Folkman, S. & R. Lazarus. 1980. "An Analysis of Coping in A Middle-aged Community Sample. " *Journal of Health and Social Behavior* 21.

French, J. R. , R. L. Kahn. 1962. , " A Programmatic Approach to Studying the Industrial Environment and Mental Health. " *Journal of Social Issues*18.

French, J. R. P. Jr, Caplan R D, Van Harrison R. 1982. *The Mechanisms of Job Stress and Strain.* Chichester: Wiley, 5 – 11.

Gallie, Duncan. 2007. "Production Regimes and the Quality of Employment in Europe. " *Annual Review of Sociology* Vol. 33.

Gallie, Duncan, Helen Russell. 2009. "Work-Family Conflict and Working Conditions in Western Europe. " *Social Indicators Research* 93 (3).

Galinsky, E. , K. Sakai & T. Wigton. 2008. "Workplace Flexibility: From Research to Action. " *The Future of Children* 21 (2).

Glass, Jennifer L. and Ashley Finley. 2002. "Coverage and Effectiveness of Family Responsive Workplace Policies. " *Human Resource Management Review* 12.

Glass, Jennifer L. and Sarah B. Estes. 1997. "The Family Responsive Workplace. " *Annual Review of Sociology* 23.

Golden, Lonnie. 2001. "Flexible Work Schedules: What Are Workers Trading Off to Get Them?" *Monthly Labor Review* 124.

Gore, S. & T. Mangione. 1983. "Social Roles, Sex Roles and Psychological Distress: Additive and Interactive Models of Sex Differences. " *Journal of Health and Social Behavior* 24.

Grosch, J. W. & L. R. Murphy. 1998. " Occupational Differences in Depression and Global Health : Results from A National Sample of US Workers. " *Journal of Occupational and Environmental Medicine* 40 (2).

Hegewisch, Ariane and Janet C. Gornick. 2008. *Statutory Routes to Workplace Flexibility in Cross-National Perspective*. Washington, DC: Institute for Women's Policy Research.

Hill, E. Jeffrey, Joseph G. Grzywacz, Sarah Allen, Victoria L. Blanchard, Christina Matz-Costa, Sandee Shulkin, and Marcie Pitt-Catsouphes. 2008. "Defining and Conceptualizing Workplace Flexibility. " *Community, Work & Family* 11.

Ivancevich, J. M. , Matteson M. T. 1980. *Stress and Work: A Managerial Perspective* . Glenview , IL: Scott, Foresman.

Jex, Steve M. 1998. *Stress and Job Performance: Theory , Research, and Implications for Managerial Practice*. Thousand Oaks, CA:

Sage.

Jick, Todd D. & Linda F. Mitz. 1985. " Sex Differences in Work Stress. " *The Academy of Management Review*, 10 (3).

Karasek, R. A. 1979. " Job Demands, Job Decision Latitude, and Mental Strain: Implications for Job Redesign. " *Administrative Science Quarterly* 24.

Karasek, R., Lindell, J. & Gardell, B. 1981. "Patterns of Health in Association with Job and Non-job Stressors for Swedish White Collar Workers. " Working paper, Columbia University, New York.

Kazt, D., Kahn R. 1978. *The Social Psychology of Organizations* New York: wiley.

Kelly, Erin L., Phyllis Moen and Eric Tranby. 2011. "Changing Workplaces to Reduce Work-Family Conflict: Schedule Control in a White-Collar Organization. " *American Sociological Review* 76.

Kelly, Erin L., Phyllis Moen, J. Michael Oakes, Wen Fan, Cassandra Okechukwu, Kelly D. Davis, Leslie B. Hammer, Ellen Ernst Kossek, Rosalind Berkowitz King, Ginger C. Hanson, Frank Mierzwa and Lynne M. Casperi. 2014. "Changing Work and WorkFamily Conflict: Evidence from the Work, Family, and Health Network. " *American Sociological Review* Vol. 79 (3).

Kunda, Gideon. 2006. *Engineering Culture: Control and Commitment in a High-tech Corporation*. Philadelphia: Temple University Press.

Lazarus, R . S. & Folkman, S . 1984. *Stress, Appraisal, and Coping*. New York: Springer.

Lin, Nan, and Walter M. Ensel. 1989. "Life Stress and Health: Stressors and Resources. " *American Sociological Review* Vol. 54.

Maume, David J., Rachel A. Sebastian & Anthony R. Bardo 2009. "Gender Differences in Sleep Disruption among Retail Food Workers. " *American Sociological Review* VOL. 74.

McGinnity, Frances, Emma Calvert. 2009. "Work-Life Conflict and So-
cial Inequality in Western Europe. " *Social Indicators Research* 93
(3).

McGrath, J. E. 1976. Stress and Behavior in Organizations. In Dunnette MD,
editor *Handbook of Industrial and Organizational Psychology*. Chicago:
RandMcNa lly.

Raymo, J. M. , Park, H. , Xie, Y. et al. 2015. "Marriage and Family in
East Asia: Continuity and Change. " *Annual Review of Sociology* 41
(1).

Rosenfield, S. 1980. "Sex Differences in Depression: Do Women Always
Have Higher Rates?" *Journal of Health and Social Behavior* 21.

Salavecz, G, et al. 2010. "Work Stress and Health in Western European
and Post-communist Countries: An East-West Comparison study. "
Journal of Epidemiology and Community Health 64 (1).

Schieman, S. & Reid S. 2008. "Job Authority and Interpersonal conflict in
the workplace. " *Work and Occupations* 35.

Schieman, Scott. 2013. "Job-Related Resources and the Pressures of Work-
ing Life. " *Social Science Research* 42.

Schieman, Scott, Melissa Milkie, and Paul Glavin. 2009. "When Work In-
terferes with Life: The Social Distribution of Work-Nonwork Interfer-
ence and the Influence of Work-Related Demands and Resources. " *A-
merican Sociological Review* 74 (6).

Schieman, S. , P. Glavin. 2009. "When Work Interferes with Life: Work-
Nonwork Interference and the Influence of Work-Related Demands and
Resources. " *American Sociological Review*74 (6).

Schieman, S. , Y. K. Whitestone & G. K. Van 2006. "The Nature of Work
and the Stress of Higher Status. " *Journal of Health & Social Behavior*
47 (3).

Selye, H. 1976. *The Stress of Life* (*rev. ed.*). New York: McGraw-Hill.

Siegrist, J. 1996. "Adverse Health Effects of High-effort/Low-reward conditions." *Journal of Occupational Healthychology* 1.

Silver, Beverly J. 2003. *Forces of Labor: Workers' Movements and Globalization Since* 1870. Cambridge University Press.

Sirgy, M. Joseph, David Efraty Phillip Siegel & Dong-Jin Lee 2001. "A New Measure of Quality of Work Life (QWL) Based on Need Satisfaction and Spillover Theories." *Social Indicators Research* 55 (3).

Wahrendorf, Morten, Nico Dragano & Johannes Siegrist. 2013. "Social Position, Work Stress, and Retirement Intentions: A Study with Older Employees from 11 European Countries." *European Sociological Review* 29 (4).

Weeden, Kim A. 2005. "Is There a Flexiglass Ceiling? Flexible Work Arrangements and Wages in the United States." *Social Science Research* 34.

Wege, N., N. Dragano, R. Erbe, K-H Jockel, S. Moebus, A Stang and J. Siegrist 2008. "Evidence-based Policy and Practice: When Does Work Stress hurt? Testing the Interaction with Socioeconomic Position in the Heinz Nixdorf Recall Study." *Journal of Epidemiology and Community Health*, 62 (4).

Weiss, M. 1983. "Efects of Work Stress and Social Support on Information Systems Managers." *MIS Quarterly* 7 (1).

Wharton, Amy S. , Sarah Chivers, and Mary Blair-Loy. 2008. "Use of Formal and Informal Work-Family Policies on the Digital Assembly Line." *Work and Occupations* 35.

Whetten, D. A. , K. S. Cameron. 1991. *Developing Management Skills.* HarperCollins Publishers.

附 录

　　本部分是谷歌公司在 2004 年上市时的公开募股书中创造性加入的"创始人公开信"。此公开信以向全球金融资本和各相关利益方明确提出，文化是企业工作环境中最应重视的要素，以及一家互联网公司改变世界的理想和责任。其后，虽然谷歌一直保持着每年公布一封创始人公开信的传统，但更多的是对其公司战略的说明和对互联网发展趋势的预测，其对企业文化彰显和倡导的作用都远不及第一封。因此本研究将其附于文后，谨供参考。

"An Owner's Manual" for Google's Shareholders[①]

INTRODUCTION

Google is not a conventional company. We do not intend to become one. Throughout Google's evolution as a privately held company, we have managed Google differently. We have also emphasized an atmosphere of creativity and challenge, which has helped us provide unbiased, accurate and free access to information for those who rely on us around the world.

Now the time has come for the company to move to public ownership. This change will bring important benefits for our employees, for our present and future shareholders, for our customers, and most of all

---

①　Much of this was inspired by Warren Buffett's essays in his annual reports and his "An Owner's Manual" to Berkshire Hathaway shareholders.

for Google users. But the standard structure of public ownership may jeopardize the independence and focused objectivity that have been most important in Google's past success and that we consider most fundamental for its future. Therefore, we have implemented a corporate structure that is designed to protect Google's ability to innovate and retain its most distinctive characteristics. We are confident that, in the long run, this will benefit Google and its shareholders, old and new. We want to clearly explain our plans and the reasoning and values behind them. We are delighted you are considering an investment in Google and are reading this letter.

Sergey and I intend to write you a letter like this one every year in our annual report. We'll take turns writing the letter so you'll hear directly from each of us. We ask that you read this letter in conjunction with the rest of this prospectus.

SERVING END USERS

Sergey and I founded Google because we believed we could provide an important service to the world-instantly delivering relevant information on virtually any topic. Serving our end users is at the heart of what we do and remains our number one priority.

Our goal is to develop services that significantly improve the lives of as many people as possible. In pursuing this goal, we may do things that we believe have a positive impact on the world, even if the near term financial returns are not obvious. For example, we make our services as widely available as we can by supporting over 90 languages and by providing most services for free. Advertising is our principal source of revenue, and the ads we provide are relevant and useful rather than intrusive and annoying. We strive to provide users with great commercial information.

We are proud of the products we have built, and we hope that those we create in the future will have an even greater positive impact on the world.

LONG TERM FOCUS

As a private company, we have concentrated on the long term, and this has served us well. As a public company, we will do the same. In our opinion, outside pressures too often tempt companies to sacrifice long term opportunities to meet quarterly market expectations. Sometimes this pressure has caused companies to manipulate financial results in order to "make their quarter." In Warren Buffett's words, "We won't 'smooth' quarterly or annual results: If earnings figures are lumpy when they reach headquarters, they will be lumpy when they reach you."

If opportunities arise that might cause us to sacrifice short term results but are in the best long term interest of our shareholders, *we will take those opportunities.* We will have the fortitude to do this. We would request that our shareholders take the long term view.

You might ask how long is long term? Usually we expect projects to have some realized benefit or progress within a year or two. But, we are trying to look forward as far as we can. Despite the quickly changing business and technology landscape, we try to look at three to five year scenarios in order to decide what to do now. We try to optimize total benefit over these multi-year scenarios. While we are strong advocates of this strategy, it is difficult to make good multi-year predictions in technology.

Many companies are under pressure to keep their earnings in line with analysts' forecasts. Therefore, they often accept smaller, predictable earnings rather than larger and less predictable returns. Sergey and I feel this is harmful, and we intend to steer in the opposite direction.

Google has had adequate cash to fund our business and has generated additional cash through operations. This gives us the flexibility to weather costs, benefit from opportunities and optimize our long term earnings. For example, in our ads system we make many improvements that affect revenue in both directions. These are in areas like end user relevance and satisfaction, advertiser satisfaction, partner needs and targeting technology. We release improvements immediately rather than delaying them, even though delay might give "smoother" financial results. You have our commitment to execute quickly to achieve long term value rather than making the quarters more predictable.

Our long term focus does have risks. Markets may have trouble evaluating long term value, thus potentially reducing the value of our company. Our long term focus may simply be the wrong business strategy. Competitors may be rewarded for short term tactics and grow stronger as a result. As potential investors, you should consider the risks around our long term focus.

We will make business decisions with the long term welfare of our company and shareholders in mind and not based on accounting considerations.

Although we may discuss long term trends in our business, we do not plan to give earnings guidance in the traditional sense. We are not able to predict our business within a narrow range for each quarter. We recognize that our duty is to advance our shareholders' interests, and we believe that artificially creating short term target numbers serves our shareholders poorly. We would prefer not to be asked to make such predictions, and if asked we will respectfully decline. A management team distracted by a series of short term targets is as pointless as a dieter stepping on a scale every half hour.

RISK VS REWARD IN THE LONG RUN

Our business environment changes rapidly and needs long term invest-
ment. We will not hesitate to place major bets on promising new opportuni-
ties.

We will not shy away from high-risk, high-reward projects because
of short term earnings pressure. Some of our past bets have gone extraor-
dinarily well, and others have not. Because we recognize the pursuit of
such projects as the key to our long term success, we will continue to
seek them out. For example, we would fund projects that have a 10%
chance of earning a billion dollars over the long term. Do not be sur-
prised if we place smaller bets in areas that seem very speculative or e-
ven strange when compared to our current businesses. Although we can-
not quantify the specific level of risk we will undertake, as the ratio of
reward to risk increases, we will accept projects further outside our cur-
rent businesses, especially when the initial investment is small relative
to the level of investment in our current businesses.

We encourage our employees, in addition to their regular projects,
to spend 20% of their time working on what they think will most benefit
Google. This empowers them to be more creative and innovative. Many of
our significant advances have happened in this manner. For example,
AdSense for content and Google News were both prototyped in "20%
time." Most risky projects fizzle, often teaching us something. Others
succeed and become attractive businesses.

As we seek to maximize value in the long term, we may have quar-
ter-to-quarter volatility as we realize losses on some new projects and
gains on others. We would love to better quantify our level of risk and re-
ward for you going forward, but that is very difficult. Even though we are
excited about risky projects, we expect to devote the vast majority of our

228

resources to improvements to our main businesses (currently search and advertising). Most employees naturally gravitate toward incremental improvements in core areas so this tends to happen naturally.

EXECUTIVE ROLES

We run Google as a triumvirate. Sergey and I have worked closely together for the last eight years, five at Google. Eric, our CEO, joined Google three years ago. The three of us run the company collaboratively with Sergey and me as Presidents. The structure is unconventional, but we have worked successfully in this way.

To facilitate timely decisions, Eric, Sergey and I meet daily to update each other on the business and to focus our collaborative thinking on the most important and immediate issues. Decisions are often made by one of us, with the others being briefed later. This works because we have tremendous trust and respect for each other and we generally think alike. Because of our intense long term working relationship, we can often predict differences of opinion among the three of us. We know that when we disagree, the correct decision is far from obvious. For important decisions, we discuss the issue with a larger team appropriate to the task. Differences are resolved through discussion and analysis and by reaching consensus. Eric, Sergey and I run the company without any significant internal conflict, but with healthy debate. As different topics come up, we often delegate decision-making responsibility to one of us.

We hired Eric as a more experienced complement to Sergey and me to help us run the business. Eric was CTO of Sun Microsystems. He was also CEO of Novell and has a Ph. D. in computer science, a very unusual and important combination for Google given our scientific and technical culture. This partnership among the three of us has worked very well and we expect it to continue. The shared judgments and extra energy available from all three of us has significantly benefited Google.

Eric has the legal responsibilities of the CEO and focuses on management of our vice presidents and the sales organization. Sergey focuses on engineering and business deals. I focus on engineering and product management. All three of us devote considerable time to overall management of the company and other fluctuating needs. We also have a distinguished board of directors to oversee the management of Google. We have a talented executive staff that manages day-to-day operations in areas such as finance, sales, engineering, human resources, public relations, legal and product management. We are extremely fortunate to have talented management that has grown the company to where it is today-they operate the company and deserve the credit.

CORPORATE STRUCTURE

We are creating a corporate structure that is designed for stability over long time horizons. By investing in Google, you are placing an unusual long term bet on the team, especially Sergey and me, and on our innovative approach.

We want Google to become an important and significant institution. That takes time, stability and independence. We bridge the media and technology industries, both of which have experienced considerable consolidation and attempted hostile takeovers.

In the transition to public ownership, we have set up a corporate structure that will make it harder for outside parties to take over or influence Google. This structure will also make it easier for our management team to follow the long term, innovative approach emphasized earlier. This structure, called a dual class voting structure, is described elsewhere in this prospectus. The Class A common stock we are offering has one vote per share, while the Class B common stock held by many current shareholders has 10 votes per share.

The main effect of this structure is likely to leave our team, especially Sergey and me, with increasingly significant control over the company's decisions and fate, as Google shares change hands. After the IPO, Sergey, Eric and I will control 37.6% of the voting power of Google, and theexecutive management team and directors as a group will control 61.4% of the voting power. New investors will fully share in Google's long term economic future but will have little ability to influence its strategic decisions through their voting rights.

While this structure is unusual for technology companies, similar structures are common in the media business and has had a profound importance there. The New York Times Company, The Washington Post Company and Dow Jones, the publisher of*The Wall Street Journal*, all have similar dual class ownership structures. Media observers have pointed out that dual class ownership has allowed these companies to concentrate on their core, long term interest in serious news coverage, despite fluctuations in quarterly results. Berkshire Hathaway has implemented a dual class structure for similar reasons. From the point of view of long term success in advancing a company's core values, we believe this structure has clearly been an advantage.

Some academic studies have shown that from a purely economic point of view, dual class structures have not harmed the share price of companies. Other studies have concluded that dual class structures have negatively affected share prices, and we cannot assure you that this will not be the case with Google. The shares of each of our classes have identical economic rights and differ only as to voting rights.

Google has prospered as a private company. We believe a dual class voting structure will enable Google, as a public company, to retain many of the positive aspects of being private. We understand some investors do not favor dual class structures. Some may believe that our dual class structure will give us the ability to take actions that benefit us, but not Google's shareholders as a whole. We have considered this point of view carefully, and we and the board have not made our decision lightly. We are convinced that everyone associated with Google-including new investors-will benefit from this structure. However, you should be aware that Google and its shareholders may not realize these intended benefits.

In addition, we have recently expanded our board of directors to include three additional members. John Hennessy is the President of Stanford and has a Doctoral degree in computer science. Art Levinson is CEO of Genentech and has a Ph. D. in biochemistry. Paul Otellini is President and COO of Intel. We could not be more excited about the caliber and experience of these directors.

We believe we have a world class management team impassioned by Google's mission and responsible for Google's success. We believe the stability afforded by the dual class structure will enable us to retain our unique culture and continue to attract and retain talented people who are Google's life blood. Our colleagues will be able to trust that they themselves and their labors of hard work, love and creativity will be well cared for by a company focused on stability and the long term.

As an investor, you are placing a potentially risky long term bet on the team, especially Sergey and me. The two of us, Eric and the rest of the management team recognize that our individual and collective interests are deeply aligned with those of the new investors who choose to support Google. Sergey and I are committed to Google for the long term. The broader Google team has also demonstrated an extraordinary commitment to our long term success. With continued hard work and good fortune, this commitment will last and flourish.

When Sergey and I founded Google, we hoped, but did not expect, it would reach its current size and influence. Our intense and enduring interest was to objectively help people find information efficiently. We also believed that searching and organizing all the world's information was an unusually important task that should be carried out by a company that is trustworthy and interested in the public good. We believe a well functioning society should have abundant, free and unbiased access to high quality information. Google therefore has a responsibility to the world. The dual class structure helps ensure that this responsibility is met. We believe that fulfilling this responsibility will deliver increased value to our shareholders.

IPO PRICING AND ALLOCATION

It is important to us to have a fair process for our IPO that is inclusive of both small and large investors. It is also crucial that we achieve a good outcome for Google and its current shareholders. This has led us to pursue an auction-based IPO for our entire offering. Our goal is to have a share price that reflects an efficient market valuation of Google that moves rationally based on changes in our business and the stock market. (The auction process is discussed in more detail elsewhere in this prospectus.)

Many companies going public have suffered from unreasonable speculation, small initial share float, and stock price volatility that hurt them and their investors in the long run. We believe that our auction-based IPO will minimize these problems, though there is no guarantee that it will.

An auction is an unusual process for an IPO in the United States. Our experience with auction-based advertising systems has been helpful in the auction design process for the IPO. As in the stock market, if people bid for more shares than are available and bid at high prices, the IPO price will be higher. Of course, the IPO price will be lower if there are not enough bidders or if people bid lower prices. This is a simplification, but it captures the basic issues. Our goal is to have the price of our shares at the IPO and in the aftermarket reflect an efficient market price-in other words, a price set by rational and informed buyers and sellers. We seek to achieve a relatively stable price in the days following the IPO and that buyers and sellers receive an efficient market price at the IPO. We will try to achieve this outcome, but of course may not be successful. Our goal of achieving a relatively stable market price may result in Google determining with our underwriters to set the initial public offering price below the auction clearing price.

We are working to create a sufficient supply of shares to meet investor demand at IPO time and after. We are encouraging current shareholders to consider selling some of their shares as part of the offering. These shares will supplement the shares the company sells to provide more supply for investors and hopefully provide a more stable price. Sergey and I, among others, are currently planning to sell a fraction of our shares in the IPO. The more shares current shareholders sell, the more likely it is that they believe the price is not unfairly low. The supply of shares available will likely have an effect on the clearing price of the auction. Since the number of shares being sold is likely to be larger at a high price and smaller at a lower price, investors will likely want to consider the scope of current shareholder participation in the IPO. We may communicate from time to time that we are sellers rather than buyers at certain prices.

While we have designed our IPO to be inclusive for both small and large investors, for a variety of reasons described in "Auction Process" not all interested investors will be able to receive an allocation of shares in our IPO.

We would like you to invest for the long term, and you should not expect to sell Google shares for a profit shortly after Google's IPO. We en-

courage investors not to invest in Google at IPO or for some time after, if
they believe the price is not sustainable over the long term. Even in the long
term, the trading price of Google's stock may decline.

We intend to take steps to help ensure shareholders are well in-
formed. We encourage you to read this prospectus, especially the Risk
Factors section. We think that short term speculation without paying at-
tention to price is likely to lose you money, especially with our auction
structure. In particular, we caution you that investing in Google through
our auction could be followed by a significant decline in the value of your
investment after the IPO.

GOOGLERS

*Our employees, who have named themselves Googlers, are every-
thing. Google is organized around the ability to attract and leverage the
talent of exceptional technologists and business people. We have been lucky
to recruit many creative, principled and hard working stars. We hope to
recruit many more in the future. We will reward and treat them well.*

We provide many unusual benefits for our employees, including
meals free of charge, doctors and washing machines. We are careful to
consider the long term advantages to the company of these bene-
fits. Expect us to add benefits rather than pare them down over time. We
believe it is easy to be penny wise and pound foolish with respect to ben-
efits that can save employees considerable time and improve their health
and productivity.

The significant employee ownership of Google has made us what we
are today. Because of our employee talent, Google is doing exciting work
in nearly every area of computer science. We are in a very competitive
industry where the quality of our product is paramount. Talented people
are attracted to Google because we empower them to change the world;

Google has large computational resources and distribution that enables individuals to make a difference. Our main benefit is a workplace with important projects, where employees can contribute and grow. We are focused on providing an environment where talented, hard working people are rewarded for their contributions to Google and for making the world a better place.

DON'T BE EVIL

Don't be evil. We believe strongly that in the long term, we will be better served-as shareholders and in all other ways-by a company that does good things for the world even if we forgo some short term gains. This is an important aspect of our culture and is broadly shared within the company.

Google users trust our systems to help them with important decisions: medical, financial and many others. Our search results are the best we know how to produce. They are unbiased and objective, and we do not accept payment for them or for inclusion or more frequent updating. We also display advertising, which we work hard to make relevant, and we label it clearly. This is similarto a well-run newspaper, where the advertisements are clear and the articles are not influenced by the advertisers' payments. We believe it is important for everyone to have access to the best information and research, not only to the information people pay for you to see.

MAKING THE WORLD A BETTER PLACE

We aspire to make Google an institution that makes the world a better place. In pursuing this goal, we will always be mindful of our responsibilities to our shareholders, employees, customers and business partners. With our products, Google connects people and information all around the world for free. We are adding other powerful services such as Gmail, which provides an efficient one gigabyte Gmail account for free. We know that some people have raised privacy concerns, primarily over Gmail's targeted ads, which could lead to negative perceptions about Google. However, we believe Gmail protects a user's privacy. By releasing services, such as Gmail, for free, we hope to help bridge the digital divide. AdWords connects users and advertisers efficiently, helping both. AdSense helps fund a huge variety of online web sites and enables authors who could not otherwise publish. Last year we created Google Grants-a growing program in which hundreds of non-profits addressing issues, including the environment, poverty and human rights, receive free advertising. And now, we are in the process of establishing the Google Foundation. We intend to contribute significant resources to the foundation, including employee time and approximately 1% of Google's equity and profits in some form. We hope someday this institution may eclipse Google itself in terms of overall world impact by ambitiously applying innovation and significant resources to the largest of the world's problems.

SUMMARY AND CONCLUSION

Google is not a conventional company. Eric, Sergey and I intend to operate Google differently, applying the values it has developed as a private company to its future as a public company. Our mission and business description are available in the rest of this prospectus; we encourage you to carefully read this information. We will optimize for the long term rather than trying to produce smooth earnings for each quarter. We will support selected high-risk, high-reward projects and manage our portfolio of projects. We will run the company collaboratively with Eric, our CEO, as a team of three. We are conscious of our duty as fiduciaries for our shareholders, and we will fulfill those responsibilities. We will continue to strive to attract creative, committed new employees, and we will welcome support from new shareholders. We will live up to our "don't be evil" principle by keeping user trust and not accepting payment for search results. We have a dual class structure that is biased toward stability and independence and that requires investors to bet on the team, especially Sergey and me.

In this letter we have talked about our IPO auction method and our desire for stability and access for all investors. We have discussed our goal to have investors who invest for the long term. Finally, we have discussed our desire to create an ideal working environment that will ultimately drive the success of Google by retaining and attracting talented Googlers.

We have tried hard to anticipate your questions. It will be difficult for us to respond to them given legal constraints during our offering process. We look forward to a long and hopefully prosperous relationship with you, our new investors. We wrote this letter to help you understand our company.

We have a strong commitment to our users worldwide, their communities, the web sites in our network, our advertisers, our investors, and of course our employees. Sergey and I, and the team will do our best to make Google a long term success and the world a better place.

Larry Page

Sergey Brin

后　记

对互联网产业和相关企业的关注始于 2002 年，当时我还是一个懵懵懂懂的本科生，但是身边陆续有相熟的朋友毕业或跳槽投奔了互联网公司，而那时我对互联网的理解还仅限于 263 邮箱、QQ 和一塌糊涂 BBS，它们还都是免费的。当时的我实在无法理解做这些虽然好玩儿但不赚钱的东西到底要拿什么来养活公司，并且不断地招这么多员工。现在想来，这问题在我心中盘桓已久，也许就是本书后来会关注到华尔街影响的前因吧。

后来做博士学位论文正式展开对这一领域的田野调查（此间种种将留待博士学位论文成书出版时再表），待毕业后去中国社会科学院做博士后，导师是社会发展战略研究院的李汉林研究员，跟随导师的研究路径，开始关注工作环境问题，与前期的田野相呼应，最终选择了关注互联网企业组织的工作压力问题作为博士后研究阶段的主要落脚点。

本书中的主要田野资料涵盖了两个时期的调查：一部分资料来自准备博士学位论文时期的参与式观察和访谈；另一部分资料源自博士后时期的访谈。但又不仅于此，从 2002 年对互联网的有意识关注，到 2005 年聚焦于易万公司的发展，其间与各路亲朋挚友的聚会、闲谈，皆已成为我日后对易万公司和互联网行业理解分析的线索来源。只是限于学术规范，这些资料由于没有被正式记录而只能散落在正式文本的幕后，沉默但仍然有其价值和力量。

这力量源自与大家的朝夕相对、点滴分享，也使得我的研究所呈现的样貌并非完全是一个中立的、冷静的学术他者的点评，而是有关怀、有温度的，具有一线劳动者立场的"在场"的互联网普通一员的思考。这也是本书与工作压力主流研究具有较为鲜明区别的重要原因，后者更多强调中立立场，但却主要关注企业的效率、效益问题，本书则重点关注为其所忽略的具有一定主体性的互联网劳动者，特别是关注其能动性问题和作为工作压力主体的感受，而此二者唯质性研究对话语和日常互动的关注才能得以较好呈现。

本书能够得以最终成稿，除了要感谢在学术上为我引路的众位师友之外，那些曾敞开心扉与我分享的同事、伙伴们才是本书最重要的贡献者，感谢大家多年来的接纳与支持。这其中的一些人本来就是我的亲人、朋友，另一些人则因着研究保持联络从而成了挚友，从而有了更多的工作、学习、生活等方面的交集，使"他们"成为"我们"，使"观察"成为"参与"，使我多年来一直沉浸在丰富的田野和生活经验当中，这也是本书成型的重要背景之一。

感谢长期以来我的师友、家人、朋友们的爱、理解与支持！

谨以此书致敬：我们曾经沉醉的、忙碌的、转瞬即逝的，青春！

梁　萌

2018 年 10 月 26 日于北京辛庄

图书在版编目（CIP）数据

加班：互联网企业的工作压力机制及变迁／梁萌著
. -- 北京：社会科学文献出版社，2019.8（2021.5 重印）
（中国工作环境研究丛书）
ISBN 978 - 7 - 5201 - 5326 - 3

Ⅰ.①加…　Ⅱ.①梁…　Ⅲ.①网络公司 - 工作负荷（
心理学）- 研究 - 中国　Ⅳ.①F279.244.4

中国版本图书馆 CIP 数据核字（2019）第 171826 号

中国工作环境研究丛书

加　班
——互联网企业的工作压力机制及变迁

著　　者／梁　萌

出 版 人／王利民
责任编辑／谢蕊芬
文稿编辑／张倩郢

出　　版／社会科学文献出版社·群学出版分社（010）59366453
　　　　　地址：北京市北三环中路甲 29 号院华龙大厦　邮编：100029
　　　　　网址：www. ssap. com. cn
发　　行／市场营销中心（010）59367081　59367083
印　　装／北京玺诚印务有限公司

规　　格／开　本：787mm × 1092mm　1/16
　　　　　印　张：15.75　字　数：210 千字
版　　次／2019 年 8 月第 1 版　2021 年 5 月第 2 次印刷
书　　号／ISBN 978 - 7 - 5201 - 5326 - 3
定　　价／69.00 元

本书如有印装质量问题，请与读者服务中心（010 - 59367028）联系